FANÁTICOS

Título original: *The True Believer*

1ª edição: Junho 2025

Autor:
Eric Hoffer

Tradução:
Francisco Cardoso

Preparação de texto:
Gabrielle Carvalho

Revisão:
Flavia Araujo
Patricia Alves Santana

Projeto gráfico:
Gabriel Silva

Capa:
Dimitry Uziel

Impressão:
Plena Print

DADOS INTERNACIONAIS DE CATALOGAÇÃO NA PUBLICAÇÃO (CIP)

Hoffer, Eric
Fanáticos : entenda a natureza dos movimentos de massa /
Eric Hoffer ; tradução de Francisco Cardoso.
— Porto Alegre : Citadel, 2025.
208 p.

ISBN 978-65-5047-641-0

1. Sociedade 2. Fanatismo 3. Movimentos de massa I. Título II. Cardoso, Francisco

25-2398 CDD - 303.484

Angélica Ilacqua - Bibliotecária - CRB-8/7057

Produção editorial e distribuição:

CITADEL Grupo Editorial

contato@citadel.com.br
www.citadel.com.br

ERIC HOFFER

Ganhador da *Medalha Presidencial da Liberdade*

ENTENDA A NATUREZA DOS MOVIMENTOS DE MASSA

FANÁTICOS

CITADEL
Grupo Editorial
2025

PARA MARGARET ANDERSON,

sem cujo dedo instigante, que me alcançou através de um continente, este livro não teria sido escrito.

O homem gostaria de ser grande e vê que é pequeno; gostaria de ser feliz e vê que é miserável; gostaria de ser perfeito e vê que é cheio de imperfeições; gostaria de ser objeto do amor e da estima dos homens e vê que suas falhas merecem apenas a aversão e o desprezo deles. O constrangimento em que se encontra produz nele as paixões mais injustas e criminosas que se possa imaginar, pois ele concebe um ódio mortal contra a verdade que o culpa e o convence de suas falhas.

– Pascal, *Pensamentos*

Serviram-se de betume em lugar de argamassa.

– Gênesis 11:3c

SUMÁRIO

PREFÁCIO

Este livro trata de algumas peculiaridades comuns a todos os movimentos de massa, sejam eles movimentos religiosos, revoluções sociais ou movimentos nacionalistas. Ele não afirma que todos os movimentos são idênticos, mas que eles compartilham certas características essenciais que lhes conferem uma semelhança familiar.

Todos os movimentos de massa geram em seus adeptos uma prontidão para morrer e uma propensão para a ação unida; todos eles, independentemente da doutrina que pregam e do programa que projetam, geram fanatismo, entusiasmo, esperança fervorosa, ódio e intolerância; todos são capazes de liberar um poderoso fluxo de atividade em certos departamentos da vida; todos eles exigem fé cega e lealdade sincera.

Todos os movimentos, por mais diferentes que sejam em termos de doutrina e aspiração, atraem inicialmente pessoas de mesmos perfis; todos eles apelam para os mesmos tipos de mente.

* * *

Embora existam diferenças óbvias entre o cristão fanático, o maometano fanático, o nacionalista fanático, o comunista fanático e o nazista fanático, ainda assim é verdade que o fanatismo que os anima pode ser visto e tratado como um só. O mesmo se aplica à força que os leva à expansão e ao domínio mundial. Há certa uniformidade em todos os tipos de dedicação, de fé, de busca pelo poder, de unidade e de autossacrifício. Há grandes diferenças no conteúdo das causas e doutrinas sagradas, mas uma certa uniformidade nos fatores que as tornam eficazes. Aqueles que, como Pascal, encontram razões precisas para a eficácia da doutrina cristã também encontram as razões para a eficácia da doutrina comunista, nazista e nacionalista. Por mais diferentes que sejam as causas sagradas pelas quais as pessoas morrem, talvez elas morram basicamente pela mesma coisa.

Este livro se preocupa principalmente com a fase ativa e revivalista dos movimentos de massa. Essa fase é dominada pelo fanático – o homem de fé obstinada que está pronto para sacrificar sua vida por uma causa sagrada – e marca o início da tentativa de traçar sua gênese e delinear sua natureza. Como auxílio nesse esforço, é utilizada uma hipótese de trabalho. Partindo do fato de que os frustrados[1] predominam entre os primeiros adeptos de todos os movimentos de massa e que eles geralmente aderem por vontade própria, supõe-se: 1) que a frustração por si só, sem qualquer estímulo proselitista de fora, pode gerar a maioria das características peculiares do fanático; 2) que uma técnica eficaz de conversão consiste basicamente na inculcação e fixação de propensões e respostas próprias da mente frustrada.

Para testar a validade dessas suposições, foi necessário investigar os males que afligem os frustrados, como estes reagem, o grau em que essas reações correspondem às respostas do fanático e, por fim, a maneira pela qual essas reações podem facilitar o surgimento e a disseminação de um movimento de massa. Também foi necessário examinar as práticas dos movimentos contemporâneos, em que técnicas bem-sucedidas de conversão foram aperfeiçoadas e aplicadas, a fim de descobrir se elas corroboram a visão de que um movimento de massa proselitista promove deliberadamente em seus adeptos um estado mental de frustração e que ele automaticamente avança em seus interesses quando secundariza as propensões dos frustrados.

Hoje em dia, é necessário que a maioria de nós tenha alguma percepção dos motivos e das respostas do fanático. Pois, embora a nossa seja uma época sem Deus, ela é exatamente o oposto de irreligiosa. O fanático está marchando por toda parte e, tanto ao converter quanto ao antagonizar, está moldando o mundo à sua própria imagem. Quer estejamos alinhados com ele ou contra ele, é bom que saibamos tudo o que pudermos a respeito de sua natureza e potencialidade.

* * *

Talvez não seja supérfluo acrescentar uma palavra de cautela. Quando falamos da semelhança familiar dos movimentos de massa, usamos a palavra "família" em um sentido taxonômico. O tomate e a beladona são da mesma família, a *Solanaceae*. Embora um seja nutritivo e o outro venenoso, eles têm muitas características morfológicas, anatômicas e fisiológicas em comum, de modo que até mesmo o não botânico percebe uma semelhança familiar. A suposição de que os movimentos de massa têm muitas características em comum não implica que todos os movimentos sejam igualmente benéficos ou nocivos. O livro não faz julgamentos e não expressa preferências. Ele simplesmente tenta explicar; e as explicações – todas elas teorias – têm a natureza de sugestões e argumentos, mesmo quando são apresentadas no que parece ser um tom categórico. O melhor que posso fazer é citar Montaigne: "Tudo o que eu digo é discurso, e nada é conselho. Eu não falaria com tanta ousadia se fosse meu dever ser acreditado".

PARTE 1

O APELO DOS MOVIMENTOS DE MASSA

I. O DESEJO DE MUDANÇA

1

É um truísmo que muitos dos que aderem a um movimento revolucionário em ascensão são atraídos pela perspectiva de uma mudança repentina e espetacular em suas condições de vida. Um movimento revolucionário é um instrumento notável de mudança.

Não tão óbvio é o fato de que os movimentos religiosos e nacionalistas também podem ser veículos de mudança. Aparentemente, é necessário algum tipo de entusiasmo ou empolgação generalizados para a realização de mudanças amplas e rápidas, e não parece importar se a euforia é derivada de uma expectativa de riquezas incalculáveis ou se é gerada por um movimento de massa ativo. Nos Estados Unidos, as grandes mudanças ocorridas desde a Guerra Civil foram promulgadas em uma atmosfera carregada de entusiasmo, fruto de oportunidades fabulosas de progresso pessoal. Quando este não pode servir como força motriz, ou quando isso não lhe é permitido, é preciso encontrar outras fontes de entusiasmo para que mudanças importantes, como o despertar e a renovação de uma sociedade estagnada ou reformas radicais no caráter e no padrão de vida de uma comunidade, sejam realizadas e perpetuadas. Os movimentos religiosos, revolucionários e nacionalistas são essas plantas geradoras de entusiasmo geral.

No passado, os movimentos religiosos eram os veículos mais evidentes de mudança. O conservadorismo de uma religião – sua ortodoxia – é o coágulo inerte de uma seiva que já foi altamente reativa. Um movimento religioso em ascensão é totalmente composto por mudança e experimento – sendo aberto a novos pontos de vista e técnicas de todas as partes. O islamismo, quando surgiu, era um meio de organização e modernização. O cristianismo foi uma influência civilizadora e modernizadora entre as tribos selvagens da Europa. As Cruzadas e a Reforma foram fatores cruciais para sacudir o mundo ocidental da estagnação da Idade Média.

Nos tempos modernos, os movimentos de massa envolvidos na realização de mudanças amplas e rápidas são revolucionários e nacionalistas – isoladamente ou em conjunto. Pedro, o Grande, provavelmente foi igual, em dedicação, poder e crueldade, a muitos dos líderes revolucionários ou nacionalistas mais bem-sucedidos. No entanto, ele fracassou em seu principal objetivo, que era transformar a Rússia em uma nação ocidental. E o motivo pelo qual fracassou foi o fato de não ter infundido nas massas russas um entusiasmo que mexesse com a alma. Ele não achou necessário, ou não sabia como, fazer de seu objetivo uma causa sagrada. Não é de se estranhar que os revolucionários bolcheviques que exterminaram os últimos czares e Romanovs tivessem uma afinidade com Pedro – um czar e um Romanov. Pois seus objetivos agora eram os mesmos, e eles esperavam ter sucesso onde ele falhara. A revolução bolchevique pode figurar na história tanto como uma tentativa de modernizar um sexto da superfície do mundo quanto de construir uma economia comunista.

O fato de as revoluções francesa e russa terem se transformado em movimentos nacionalistas parece indicar que, nos tempos modernos, o nacionalismo é a fonte mais abundante e duradoura de entusiasmo das massas e que o fervor nacionalista deve ser aproveitado para que as mudanças drásticas projetadas e iniciadas pelo entusiasmo revolucionário sejam consumadas. É de se perguntar se as dificuldades encontradas pelo atual governo trabalhista na Grã-Bretanha não se devem, em parte, ao fato de que a tentativa de mudar a economia do país e o modo de vida de 49 milhões de pessoas foi iniciada em uma atmosfera singularmente livre de fervor, exaltação e esperança desenfreada. A repulsa aos feios padrões desenvolvidos pela maioria dos movimentos de massa contemporâneos manteve os líderes civilizados e decentes do Partido Trabalhista longe do entusiasmo revolucionário. Ainda existe a possibilidade de que os acontecimentos os forcem a fazer uso de alguma forma branda de chauvinismo, de modo que, também na Grã-Bretanha, "a socialização da nação [possa ter] como corolário natural a nacionalização do socialismo".[1]

A modernização fenomenal do Japão provavelmente não teria sido possível sem o espírito revivalista do nacionalismo japonês. Talvez também seja verdade que a rápida modernização de alguns países europeus (especialmente a Alemanha) tenha sido facilitada, até certo ponto, pelo surgimento e pela difusão completa do fervor nacionalista. A julgar pelos indícios atuais, o renascimento da Ásia ocorrerá por meio da instrumentalidade dos movimentos nacionalistas, e não por outros meios. Foi o surgimento de um movimento nacionalista genuíno que permitiu a Kemal Atatürk modernizar a Turquia quase da noite para o dia. No Egito, que não foi tocado por nenhum movimento de massas, a modernização é lenta e vacilante, embora seus governantes, desde a época de Mehmed Ali, tenham acolhido as ideias ocidentais, e seus contatos com o Ocidente tenham sido muitos e íntimos. O sionismo é um instrumento para a renovação de um país atrasado e para a transformação de lojistas e trabalhadores intelectuais em agricultores, operários e soldados. Se Chiang Kai-shek tivesse sabido como iniciar um movimento de massa genuíno ou, pelo menos, como sustentar o entusiasmo nacionalista despertado pela invasão japonesa, ele poderia estar agindo agora como o renovador da China. Como ele não sabia como fazê-lo, foi facilmente deixado de lado pelos mestres da arte da "sacralização" – a arte de transformar propósitos práticos em causas sagradas. Não é difícil ver por que os Estados Unidos e a Grã-Bretanha (ou qualquer democracia ocidental) não poderiam desempenhar um papel direto e de liderança para tirar os países asiáticos do atraso e da estagnação: as democracias não estão inclinadas nem talvez sejam capazes de acender um espírito revivalista nos milhões de asiáticos. A contribuição das democracias ocidentais para o despertar do Oriente foi indireta e, certamente, não intencional. Elas suscitaram um entusiasmo de ressentimento contra o Ocidente; e é esse fervor antiocidental que está atualmente despertando o Oriente de sua estagnação de séculos.[2]

Embora o desejo de mudança seja, não raro, um motivo superficial, vale a pena descobrir se a investigação desse desejo não poderia lançar alguma luz sobre o funcionamento interno dos movimentos de massa. Portanto, vamos nos perguntar sobre a natureza do desejo de mudança.

2

Temos a tendência de localizar as forças formadoras de nossa existência fora de nós mesmos. O sucesso e o fracasso estão inevitavelmente relacionados em nossa mente com o estado das coisas ao nosso redor. Por isso, as pessoas com senso de realização acham que o mundo é bom e gostariam de conservá-lo como está, enquanto os frustrados são a favor de mudanças radicais. A tendência de procurar todas as causas fora de nós persiste mesmo quando está claro que nosso estado de ser é produto de qualidades pessoais como capacidade, caráter, aparência, saúde e assim por diante. "Se alguma coisa aflige um homem", diz Thoreau, "de modo que ele não desempenhe suas funções, mesmo se ele estiver com dor em suas entranhas, (...) ele começará a reformar o mundo".[3]

É compreensível que aqueles que fracassam tendam a culpar o mundo por sua ruína. O que é notável é que os bem-sucedidos, por mais que se orgulhem de sua perspicácia, perseverança, frugalidade e outras "excelentes qualidades", no fundo também estão convencidos de que seu sucesso é o resultado de uma combinação fortuita de circunstâncias. A autoconfiança até mesmo dos que são consistentemente bem-sucedidos nunca é absoluta. Eles nunca têm certeza de que conhecem todos os ingredientes que contribuem para o seu sucesso. O mundo exterior lhes parece um mecanismo precariamente equilibrado e, enquanto ele estiver a seu favor, eles têm medo de mexer nele. Assim, a resistência à mudança e o desejo ardente por ela surgem da mesma convicção, e uma pode ser tão veemente quanto a outra.

3

O descontentamento, por si só, não cria invariavelmente um desejo de mudança. Outros fatores precisam estar presentes antes que o descontentamento se transforme em desinteresse. Um deles é o senso de poder.

Aqueles que admiram o ambiente que os cerca não pensam em mudar, por mais miserável que seja sua condição. Quando nosso modo de vida é tão precário a ponto de tornar evidente que não podemos controlar as circunstâncias de nossa existência, tendemos a nos apegar ao que é comprovado e familiar. Combatemos um profundo sentimento de insegurança transformando nossa existência em uma rotina fixa. Assim, adquirimos a ilusão de que domamos o imprevisível. Pescadores, nômades e fazendeiros que têm de enfrentar os elementos voluntariosos, o trabalhador criativo que depende de inspiração, o selvagem impressionado com o ambiente que o cerca – todos eles temem a mudança. Eles encaram o mundo como se estivessem diante de um júri todo-poderoso. Os extremamente pobres também ficam admirados com o mundo ao seu redor e não são receptivos a mudanças. É perigoso viver quando a fome e o frio estão nos ameaçando. Portanto, há um conservadorismo dos destituídos tão profundo quanto o conservadorismo dos privilegiados, e o primeiro é um fator tão importante para a perpetuação de uma ordem social quanto o segundo.

Os homens que se lançam em empreendimentos de grandes mudanças geralmente sentem que estão de posse de algum poder irresistível. A geração que fez a Revolução Francesa tinha uma concepção extravagante da onipotência da razão do homem e do alcance ilimitado de sua inteligência. De acordo com Tocqueville, a humanidade nunca esteve tão orgulhosa de si mesma e nunca teve tanta fé em sua própria onipotência. E, junto com essa autoconfiança exagerada, havia uma sede universal de mudança que surgia espontaneamente em todas as mentes.[4] Lênin e os bolcheviques, que mergulharam imprudentemente no caos da criação de um novo mundo, tinham fé cega na onipotência da doutrina marxista. Os nazistas não tinham nada tão potente quanto essa doutrina, mas tinham fé em um líder infalível e fé em um novo método. É duvidoso que o nacional-socialismo tivesse progredido tão rapidamente se não fosse pela convicção inflamada de que as novas táticas de ataque surpresa e propaganda tornavam a Alemanha invencível.

Até mesmo o desejo sóbrio de progresso é sustentado pela fé – fé na bondade intrínseca da natureza humana e na onipotência da ciência. É uma fé desafiadora e blasfema, não muito diferente daquela mantida pelos homens que se propuseram a construir "uma cidade com uma torre que chegue até o céu" e que acreditavam que "nada do que se propuserem a fazer lhes será impossível".[5]

4

De imediato, seria de se esperar que a mera posse do poder resultasse automaticamente em uma atitude arrogante em relação ao mundo e em uma receptividade às mudanças. Mas nem sempre é assim. Os poderosos podem ser tão tímidos quanto os fracos. O que parece contar mais do que a posse de instrumentos de poder é a fé no futuro. Quando o poder não está associado à fé no futuro, ele é usado principalmente para afastar o novo e preservar o *status quo*. Em contrapartida, a esperança extravagante, mesmo que não seja respaldada pelo poder real, provavelmente gerará uma ousadia muito imprudente. Pois o esperançoso pode extrair força das fontes mais ridículas de poder – um slogan, uma palavra, um botão. Nenhuma fé é poderosa a menos que também seja fé no futuro, a menos que tenha um componente milenar. O mesmo se aplica a uma doutrina eficaz: além de ser uma fonte de poder, ela também deve reivindicar ser uma chave para o livro do futuro.[6]

Aqueles que pretendem transformar uma nação ou o mundo não podem fazer isso criando e capitaneando o descontentamento, demonstrando a razoabilidade e a conveniência das mudanças pretendidas ou coagindo as pessoas a um novo modo de vida. Eles precisam saber como acender e alimentar uma esperança desmedida. Não importa se é a esperança de um reino celestial, do céu na terra, de pilhagem e riquezas incalculáveis, de realizações fabulosas ou de domínio mundial. Se os comunistas conquistarem a Europa e grande parte do mundo, não será pelo fato de saberem como despertar o descontentamento ou como infectar as pessoas com ódio, mas porque sabem como pregar a esperança.

5

Assim, as diferenças entre o conservador e o radical parecem surgir principalmente de sua atitude em relação ao futuro. O medo do futuro faz com que nos apoiemos e nos apeguemos ao presente, enquanto a fé no futuro nos torna receptivos à mudança. Tanto os ricos quanto os pobres, os fortes e os fracos, aqueles que conquistaram muito ou pouco podem ter medo do futuro. Quando o presente parece tão perfeito que o máximo que podemos esperar é sua continuidade no futuro, a mudança só pode significar deterioração. Por isso, os homens de realizações extraordinárias e aqueles que vivem em plenitude e felizes geralmente se opõem a inovações drásticas. O conservadorismo das pessoas inválidas e daquelas que já passaram da meia-idade também se origina do medo do futuro. Elas estão atentas a sinais de decadência e acham que qualquer mudança tem mais probabilidade de ser para pior do que para melhor. Os extremamente pobres também não têm fé no futuro. Para eles, o futuro parece uma armadilha enterrada na estrada à frente. É preciso dar passos cautelosos. Mudar as coisas é pedir para ter problemas.

Quanto aos esperançosos: não parece fazer diferença quem é tomado por uma esperança desenfreada – seja um intelectual entusiasmado, um fazendeiro sedento por terras, um especulador que busca enriquecimento rápido, um comerciante ou industrial sóbrio, um trabalhador comum ou um nobre – todos eles procedem de forma imprudente com o presente, destroem-no se necessário e criam um novo mundo. Portanto, pode haver revoluções tanto por parte dos privilegiados quanto por parte dos desprivilegiados. O movimento de cercamento na Inglaterra dos séculos 16 e 17 foi uma revolução dos ricos. O setor de lã alcançou grande prosperidade, e o pastoreio tornou-se mais lucrativo do que o cultivo. Os proprietários de terras expulsaram seus inquilinos, cercaram as terras comuns e provocaram profundas mudanças na estrutura social e econômica do país. "Os lordes e nobres desestabilizavam a ordem social, violando as leis e os costumes antigos, às vezes por meio da violência, muitas vezes por pressão e intimidação."[7] Outra revolução inglesa dos ricos ocorreu no final do século 18 e início do século 19. Foi a Revolução Industrial. As potencialidades impressionantes da mecanização incendiaram a mente dos fabricantes e comerciantes. Eles iniciaram uma revolução "tão extrema e radical como jamais inflamou as mentes dos sectários"[8] e, em um período relativamente curto, esses cidadãos respeitáveis e tementes a Deus mudaram a face da Inglaterra de forma irreconhecível.

Quando as esperanças e os sonhos estão à solta nas ruas, é bom que os tímidos tranquem as portas, fechem as janelas e fiquem quietos até que a ira passe. Pois muitas vezes há uma incongruência monstruosa entre as esperanças, por mais nobres e ternas que sejam, e a ação que as segue. É como se donzelas de marfim e jovens com guirlandas anunciassem os quatro cavaleiros do apocalipse.

6

Para que os homens mergulhem de cabeça em um empreendimento de grandes mudanças, eles devem estar intensamente descontentes, mas não destituídos, e devem ter a sensação de que, ao possuir alguma doutrina poderosa, um líder infalível ou alguma nova técnica, eles têm acesso a uma fonte de poder irresistível. Eles também devem ter uma concepção extravagante das perspectivas e potencialidades do futuro. Por fim, devem ser totalmente ignorantes quanto às dificuldades envolvidas em seu vasto empreendimento. A experiência é uma desvantagem. Os homens que iniciaram a Revolução Francesa eram totalmente desprovidos de experiência política. O mesmo se aplica aos bolcheviques, aos nazistas e aos revolucionários da Ásia. O homem experiente é um retardatário. Ele entra no movimento quando este já está em andamento. Talvez seja a experiência política do inglês que o mantém longe dos movimentos de massa.

II. O DESEJO POR SUBSTITUTOS

7

Há uma diferença fundamental entre o apelo de um movimento de massa e o de uma organização voltada para fins práticos. Esta última, por um lado, oferece oportunidades de autopromoção, e seu apelo é principalmente para o interesse próprio. Por outro lado, um movimento de massa, especialmente em sua fase ativa e revivalista, não atrai aqueles que pretendem reforçar e promover um eu que seja querido, mas aqueles que querem se livrar de um eu indesejado. Um movimento de massa atrai e mantém seguidores não porque pode satisfazer o desejo de progresso pessoal, mas porque pode satisfazer a paixão pela renúncia pessoal.

As pessoas que veem suas vidas como irremediavelmente deterioradas não conseguem encontrar um propósito que valha a pena no progresso pessoal. A perspectiva de uma carreira individual não pode estimulá-las a um grande esforço, nem pode evocar nelas fé e dedicação exclusiva. Esses indivíduos veem o interesse próprio como algo contaminado e maligno, algo impuro e azarado. Qualquer coisa empreendida sob os auspícios do ego lhes parece condenada. Nada que tenha suas raízes e razões no ego pode ser bom e nobre. Seu anseio mais íntimo é por uma nova vida – um renascimento – ou, na falta disso, uma chance de adquirir novos elementos de orgulho, confiança, esperança, um senso de propósito e valor por meio da identificação com uma causa sagrada. Um movimento de massa ativo lhes oferece oportunidades para ambos. Se eles se unirem ao movimento como convertidos plenos, renascerão para uma nova vida em seu corpo coletivo unido ou, se forem atraídos como simpatizantes, encontrarão elementos de orgulho, confiança e propósito ao se identificarem com os esforços, as conquistas e as perspectivas do movimento.

Para os frustrados, um movimento de massa oferece substitutos para o eu completo ou para os elementos que tornam a vida suportável e que eles não podem evocar de seus recursos individuais.

* * *

É fato que, por um lado, entre os primeiros adeptos de um movimento de massa, há também aventureiros que se juntam na esperança de que ele faça girar a roda da fortuna e os leve à fama e ao poder. Por outro lado, um grau de dedicação altruísta às vezes é demonstrado por aqueles que se juntam a corporações, partidos políticos ortodoxos e outras organizações de atuação prática. Ainda assim, permanece o fato de que uma preocupação prática não pode perdurar a menos que possa apelar para o interesse próprio e satisfazê-lo, enquanto o vigor e o crescimento de um movimento de massa em ascensão dependem de sua capacidade de evocar e satisfazer a paixão pela autorrenúncia. Quando um movimento de massa começa a atrair pessoas interessadas em suas carreiras individuais, isso é um sinal de que passou de seu estágio vigoroso; que não está mais engajado em moldar um novo mundo, mas em possuir e preservar o presente. Ele deixa então de ser um movimento e se torna um empreendimento. De acordo com Hitler, quanto mais "postos e cargos um movimento tiver para distribuir, mais coisas inferiores ele atrairá e, no final, esses parasitas políticos sobrecarregam um partido bem-sucedido em tal número que o lutador honesto dos dias anteriores não reconhece mais o antigo movimento (...). Quando isso ocorre, termina a 'missão' do dito movimento".[1]

* * *

A natureza do substituto completo oferecido pela conversão é discutida nos capítulos sobre autossacrifício e ação unida na Parte 3. Aqui trataremos dos substitutos parciais.

8

A fé em uma causa santa é, em grande parte, um substituto para a fé perdida em nós mesmos.

9

Quanto menos justificado for um homem em reivindicar a excelência para si mesmo, mais pronto ele estará para reivindicar toda a excelência para sua nação, sua religião, sua raça ou sua causa sagrada.

10

É provável que um homem se preocupe com seus próprios assuntos quando isso valer a pena. Quando não vale, ele se distrai de seus próprios assuntos insignificantes cuidando dos de outras pessoas.

Essa preocupação com os assuntos alheios se expressa em fofocas, bisbilhotices e intromissões, além de um interesse febril em assuntos comunitários, nacionais e raciais. Ao fugirmos de nós mesmos, ou buscamos apoio no ombro do outro ou voamos em sua garganta.

11

A convicção ardente de que temos um dever sagrado para com os outros é, muitas vezes, uma forma de nos agarrarmos a uma tábua qualquer quando estamos nos afogando. O que parece ser uma ajuda é, muitas vezes, uma forma de tentarmos salvar nossa própria vida. Sem nossos deveres sagrados, nossa vida se torna insignificante e sem sentido. Não há dúvida de que, ao trocarmos uma vida egocêntrica por uma altruísta, ganhamos muito em autoestima. A vaidade dos altruístas, mesmo daqueles que praticam a máxima humildade, é ilimitada.

12

Uma das atrações mais poderosas de um movimento de massa é a oferta de um substituto para a esperança individual. Essa atração é particularmente eficaz em uma sociedade imbuída da ideia de progresso. Pois, na concepção de progresso, o "amanhã" paira gigantesco, e a frustração resultante de não ter nada pelo que esperar é ainda mais pungente. Hermann Rauschning diz, sobre a Alemanha pré-hitleriana, que "a sensação de ter chegado ao fim de todas as coisas foi um dos piores problemas que enfrentamos depois daquela guerra perdida".[2] Em uma sociedade moderna, as pessoas só podem viver sem esperança se forem mantidas atordoadas e sem fôlego pela correria incessante. O desespero causado pelo desemprego não vem apenas da ameaça da miséria, mas da súbita visão de um vasto nada à frente. É mais provável que os desempregados sigam os propagadores de esperança do que aqueles que oferecem ajuda imediata.

Os movimentos de massa geralmente são acusados de dopar seus seguidores com a esperança do futuro, ao mesmo tempo em que os enganam quanto ao prazer do presente. No entanto, para os frustrados, o presente está irremediavelmente estragado. Os confortos e os prazeres não podem torná-lo completo. Nenhum conteúdo ou conforto real pode surgir em sua mente, a não ser pela esperança.[3]

13

Quando nossos interesses e perspectivas individuais não parecem valer a pena, precisamos desesperadamente de algo além de nós para viver. Todas as formas de dedicação, devoção, lealdade e autoentrega são, em essência, um apego desesperado a algo que possa dar valor e significado à nossa vida fútil e deteriorada. Portanto, a adoção de um substituto será necessariamente passional e extrema. Podemos ter uma confiança com certo limite em nós mesmos, mas a fé que temos em nossa nação, religião, raça ou causa sagrada precisa ser exacerbada e intransigente. Um substituto adotado com moderação não pode suplantar e apagar o eu que queremos esquecer. Não podemos ter certeza de que temos algo pelo qual vale a pena viver, a menos que estejamos prontos para morrer por isso. Essa prontidão para morrer é uma prova para nós mesmos e para os outros de que o que tivemos de tomar como substituto para uma primeira escolha irrevogavelmente perdida ou deteriorada é de fato o melhor que já existiu.

III. A INTERCAMBIALIDADE DOS MOVIMENTOS DE MASSA

14

Quando as pessoas estão prontas para um movimento de massa, elas geralmente estão propensas a aderir a qualquer movimento eficaz, e não apenas àqueles com uma doutrina ou programa específico. Na Alemanha pré-hitleriana, muitas vezes era difícil saber se um jovem inquieto iria se juntar aos comunistas ou aos nazistas. Na Rússia czarista superlotada, a população judaica em ebulição estava pronta tanto para a revolução quanto para o sionismo. Em uma mesma família, um membro aceitaria se juntar aos revolucionários e o outro, aos sionistas. O Dr. Chaim Weizmann cita um ditado de sua mãe naquela época: "Aconteça o que acontecer, eu estarei bem. Se Shemuel [o filho revolucionário] estiver certo, todos nós seremos felizes na Rússia; e se Chaim [o sionista] estiver certo, então eu irei morar na Palestina".[1]

Essa receptividade a todos os movimentos nem sempre cessa, mesmo depois que o fanático em potencial se torna um convertido fervoroso de um movimento específico. Quando os movimentos de massa competem violentamente entre si, não são raros os casos de convertidos – mesmo os mais zelosos – que mudam sua fidelidade de um para o outro. Um Saulo que se transforma em Paulo não é uma raridade nem um milagre. Em nossos dias, cada movimento de massa proselitista parece considerar os adeptos zelosos de seu antagonista como seus próprios convertidos em potencial. Hitler considerava os comunistas alemães como nacional-socialistas em potencial: "O social-democrata *pequeno-burguês* e o chefe do sindicato nunca se tornarão nacional-socialistas, mas o comunista sempre se tornará".[2] O capitão Röhm se gabava de que poderia transformar o comunista mais vermelho em um nacionalista brilhante em quatro semanas.[3] Em compensação, Karl Radek via os camisas pardas nazistas (S.A.) como uma reserva para futuros recrutas comunistas.[4]

Como todos os movimentos de massa atraem adeptos com mesmo perfil e apelam para os mesmos tipos de mente, conclui-se que: (a) todos os movimentos de massa são competitivos, e o ganho de um em adeptos é a perda de todos os outros; (b) todos os movimentos de massa são intercambiáveis. Um movimento de massa prontamente se transforma em outro. Um movimento religioso pode se transformar em uma revolução social ou em um movimento nacionalista; uma revolução social, por sua vez, pode se transformar em nacionalismo militante ou em um movimento religioso; um movimento nacionalista, em uma revolução social ou em um movimento religioso.

15

É raro que um movimento de massa seja totalmente de um único caráter. Normalmente, ele apresenta algumas facetas de outros tipos de movimento e, às vezes, são dois ou três movimentos em um. O êxodo dos hebreus do Egito foi uma revolta de escravizados, um movimento religioso e um movimento nacionalista. O nacionalismo militante dos japoneses é essencialmente religioso. A Revolução Francesa foi uma nova religião. Ela tinha "seu dogma, os princípios sagrados da Revolução – Liberdade, Igualdade, Fraternidade. Tinha sua forma de adoração, uma adaptação do cerimonial católico, que foi elaborada em conexão com as festas cívicas. Ela tinha seus santos, os heróis e mártires da liberdade".[5] Ao mesmo tempo, a Revolução Francesa também foi um movimento nacionalista. A assembleia legislativa decretou em 1792 que altares deveriam ser erguidos em todos os lugares com a inscrição: "o cidadão nasce, vive e morre por *la Patrie*".[6]

Os movimentos religiosos da Reforma tinham um aspecto revolucionário que se expressava em revoltas de camponeses e também eram movimentos nacionalistas. Lutero disse: "Aos olhos dos italianos, nós, alemães, somos apenas porcos teutônicos inferiores. Eles nos exploram como charlatães e sugam o país até o osso. Acorde, Alemanha!".[7]

O caráter religioso das revoluções bolchevique e nazista é geralmente reconhecido. O martelo e a foice, bem como a suástica, dividem classe com a cruz. O cerimonial de seus desfiles é como o de uma procissão religiosa. Eles têm artigos de fé, santos, mártires e sepulcros sagrados. As revoluções bolchevique e nazista também são movimentos nacionalistas completos. A revolução nazista foi assim desde o início, enquanto o nacionalismo dos bolcheviques foi um desenvolvimento tardio.

O sionismo é um movimento nacionalista e uma revolução social. Para os judeus ortodoxos, é também um movimento religioso. O nacionalismo irlandês tem um profundo tom religioso. Os atuais movimentos de massa na Ásia são tanto nacionalistas quanto revolucionários.

16

O problema de interromper um movimento de massa geralmente é uma questão de substituir um por outro. Uma revolução social pode ser interrompida com a promoção de um movimento religioso ou nacionalista. Assim, em países onde o catolicismo recuperou seu espírito de movimento de massa, ele neutraliza a disseminação do comunismo. No Japão, foi o nacionalismo que canalizou todos os movimentos de protesto social. No sul dos Estados Unidos, o movimento de solidariedade racial atua como um preventivo de revolta social. Uma situação semelhante pode ser observada entre os franceses no Canadá e os bôeres na África do Sul.

Esse método de interromper um movimento substituindo-o por outro nem sempre é isento de perigo, e geralmente não é barato. Aqueles que abraçam o presente e querem preservá-lo como ele é fazem bem ao não brincar com os movimentos de massa. Pois sempre é ruim para o presente quando um movimento de massa genuíno está em andamento. Na Itália e na Alemanha do pré-guerra, empresários pragmáticos agiram de maneira inteiramente "lógica" quando incentivaram um movimento fascista e nazista para deter o comunismo. Mas, ao fazer isso, essas pessoas práticas e racionais promoveram seu próprio aniquilamento.

Há outros substitutos mais seguros para um movimento de massa. Em geral, qualquer arranjo que desestimule o individualismo atomístico, facilite o autoesquecimento ou ofereça chances de ação e novos começos tende a neutralizar o surgimento e a disseminação de movimentos de massa. Esses assuntos serão tratados em capítulos posteriores. Aqui abordaremos um curioso substituto para os movimentos de massa: a migração.

17

A emigração oferece algumas das coisas que os frustrados esperam encontrar quando se juntam a um movimento de massa, ou seja, mudança e uma chance de um novo começo. Os mesmos tipos que engrossam as fileiras de um movimento de massa em ascensão provavelmente também aproveitarão a chance de emigrar. Assim, a migração pode servir como um substituto para um movimento de massa. É plausível, por exemplo, que, se os Estados Unidos e o Império Britânico tivessem acolhido a migração em massa da Europa após a Primeira Guerra Mundial, talvez não tivesse havido uma revolução fascista nem nazista. Neste país, a migração livre e fácil em um vasto continente contribuiu para nossa estabilidade social.

Entretanto, devido à qualidade de seu capital humano, as migrações em massa são um terreno fértil para o surgimento de movimentos de massa genuínos. Às vezes é difícil dizer onde termina uma migração em massa e começa um movimento de massa – e qual veio primeiro. A migração dos hebreus do Egito se transformou em um movimento religioso e nacionalista. As migrações dos bárbaros nos dias de declínio do Império Romano foram mais do que meros deslocamentos de população. As indicações são de que os bárbaros eram relativamente poucos em número, mas, uma vez que invadiram um país, juntaram-se a eles os oprimidos e insatisfeitos em todas as esferas da vida: "foi uma revolução social iniciada e mascarada por uma conquista estrangeira superficial".[8]

Todo movimento de massa é, de certa forma, uma migração – um movimento em direção a uma terra prometida; e, quando viável e conveniente, ocorre uma migração real. Isso aconteceu no caso dos puritanos, anabatistas, mórmons, dukhobors e sionistas. A migração em massa fortalece o espírito e a unidade de um movimento e, seja na forma de conquista estrangeira, cruzada, peregrinação ou assentamento em uma nova terra, ela é praticada pela maioria dos movimentos de massa ativos.

PARTE 2

OS POSSÍVEIS CONVERTIDOS

IV. O PAPEL DOS INDESEJÁVEIS NOS ASSUNTOS HUMANOS

18

Há uma tendência de julgar uma raça, uma nação ou qualquer grupo distinto por seus membros menos dignos. Embora manifestamente injusta, essa tendência tem alguma justificativa. Pois o caráter e o destino de um grupo geralmente são determinados por seus elementos inferiores.

A massa inerte de uma nação, por exemplo, está em sua seção intermediária. As pessoas decentes e medianas que fazem as atividades da nação nas cidades e na terra são trabalhadas e moldadas por minorias em ambas as extremidades – as melhores e as piores.[1]

O indivíduo superior, seja na política, na literatura, na ciência, no comércio ou na indústria, desempenha um papel importante na formação de uma nação, mas o mesmo acontece com os indivíduos no outro extremo – os fracassados, os desajustados, os párias, os criminosos e todos aqueles que perderam seu lugar, ou que nunca o tiveram, na hierarquia da humanidade respeitável. O jogo da história geralmente é disputado pelos melhores e pelos piores sobre a cabeça da maioria no meio.

A razão pela qual os elementos inferiores de uma nação podem exercer uma influência marcante em seu curso é que eles não têm nenhuma reverência pelo presente. Eles veem a vida e o presente como algo deteriorado, sem remédio, e estão prontos para desperdiçar e destruir ambos: daí sua imprudência e sua vontade de caos e anarquia. Eles também anseiam por dissolver seu eu deteriorado e sem sentido em algum empreendimento comunitário espetacular que estimule a alma – daí sua propensão à ação unida. Assim, eles estão entre os primeiros recrutas de revoluções, migrações em massa e movimentos religiosos, raciais e chauvinistas e imprimem sua marca nesses levantes e movimentos que moldam o caráter e a história de uma nação.

* * *

Os descartados e rejeitados geralmente são a matéria-prima do futuro de uma nação. A pedra que os construtores rejeitam se torna a pedra fundamental de um novo mundo. Uma nação sem os rejeitados e descontentes é ordeira, decente, pacífica e agradável, mas talvez sem a semente do que está por vir. Não foi uma ironia da história o fato de os indesejados dos países europeus terem cruzado um oceano para construir um novo mundo neste continente. Somente eles poderiam fazer isso.

19

Embora os desafetos sejam encontrados em todas as esferas da vida, eles são mais frequentes nas seguintes categorias: (a) os pobres, (b) os desajustados, (c) os marginalizados, (d) as minorias, (e) os jovens adolescentes, (f) os ambiciosos (seja enfrentando obstáculos intransponíveis ou oportunidades ilimitadas), (g) os que estão nas garras de algum vício ou obsessão, (h) os impotentes (de corpo ou de mente), (i) os egoístas desordenados, (j) os entediados e (k) os pecadores.

As seções 20 a 42 tratam de alguns desses tipos.

V. OS POBRES

O NOVO POBRE

20

Nem todos os pobres são frustrados. Alguns dos pobres que estão estagnados nas periferias das cidades são presunçosos em sua decadência. Eles estremecem ao pensar em uma vida fora de sua fossa familiar. Mesmo os pobres respeitáveis, quando sua pobreza é de longa data, permanecem inertes. Eles ficam impressionados com a imutabilidade da ordem das coisas. É preciso um cataclismo – uma invasão, uma praga ou algum outro desastre comunitário – para abrir seus olhos para a transitoriedade da "ordem eterna".

Geralmente, são aqueles cuja pobreza é relativamente recente, os "novos pobres", que vibram com o fermento da frustração. A lembrança de coisas melhores é como fogo em suas veias. São os deserdados e arruinados que respondem a todo movimento de massa em ascensão. Foram os novos pobres da Inglaterra do século 17 que garantiram o sucesso da Revolução Puritana. Durante o movimento de cercamento (consulte a Seção 5), milhares de proprietários de terras expulsaram seus inquilinos e transformaram seus campos em pastagens. "Camponeses fortes e ativos, apaixonados pelo solo que os nutria, foram transformados em trabalhadores assalariados ou mendigos robustos. (...) As ruas da cidade se encheram de pobres."[1] Foi essa massa de arruinados que forneceu os recrutas para o novo modelo de exército de Cromwell.

Na Alemanha e na Itália, os novos pobres vindos de uma classe média arruinada formaram o principal apoio das revoluções nazista e fascista. Os revolucionários em potencial na Inglaterra atual não são os trabalhadores, mas os funcionários públicos e empresários deserdados. Essa classe tem uma lembrança vívida da riqueza e do domínio, e não é provável que se reconcilie com as condições difíceis e a impotência política.

Ultimamente, tanto nos Estados Unidos como em outros países, tem havido um enorme aumento periódico de um tipo inédito de novos pobres, e seu aparecimento, sem dúvida, contribuiu para o surgimento e a disseminação dos movimentos de massa contemporâneos. Até recentemente, os novos pobres vinham principalmente das classes proprietárias, seja nas cidades ou na terra, mas ultimamente, e talvez pela primeira vez na história, o trabalhador comum aparece nesse papel.

Enquanto aqueles que faziam o trabalho do mundo viviam em um nível de subsistência, eles eram vistos e se sentiam como tradicionalmente pobres. Eles se sentiam pobres nos bons e nos maus momentos. As depressões, por mais graves que fossem, não eram vistas como aberrações e enormidades. Mas com a ampla difusão de um alto padrão de vida, as depressões e o desemprego que elas trazem assumiram um novo aspecto. O trabalhador atual do mundo ocidental sente o desemprego como uma degradação. Ele se vê deserdado e prejudicado por uma ordem de coisas injusta e está disposto a ouvir aqueles que clamam por um novo acordo.

OS EXTREMAMENTE POBRES

21

Os pobres que estão no limite da fome têm uma vida com propósito. Estar envolvido em uma luta desesperada por comida e abrigo é estar totalmente livre de um senso de futilidade. Os objetivos são concretos e imediatos. Cada refeição é uma realização; ir dormir com o estômago cheio é um triunfo; e cada ganho inesperado é um milagre. Que necessidade eles poderiam ter de "uma meta superindividual inspiradora que daria significado e dignidade à própria vida?". Eles são imunes ao apelo de um movimento de massa. Angelica Balabanoff descreve o efeito da pobreza extrema sobre o ardor revolucionário de radicais famosos que se reuniram em Moscou nos primeiros dias da revolução bolchevique: "Aqui, vi homens e mulheres que haviam vivido toda a vida em função de ideias, que haviam renunciado voluntariamente a vantagens materiais, liberdade, felicidade e afeto familiar para a realização de seus ideais – completamente absorvidos pelo problema da fome e do frio".[2]

Onde as pessoas trabalham do nascer ao pôr do sol para ganhar a vida, elas não se queixam e não sonham. Uma das razões para a falta de rebeldia das massas na China é o esforço desordenado necessário para conseguir os meios de subsistência mais escassos. A luta intensificada pela existência "é uma influência estática, não dinâmica".[3]

22

A miséria não gera automaticamente o descontentamento, nem a intensidade do descontentamento é diretamente proporcional ao grau de miséria.

É provável que o descontentamento seja maior quando a miséria é suportável; quando as condições melhoraram tanto que um estado ideal parece estar quase ao alcance. Uma queixa é mais pungente quando está quase sendo corrigida. De Tocqueville, em suas pesquisas sobre o estado da sociedade na França antes da revolução, ficou impressionado com a descoberta de que "em nenhum dos períodos que se seguiram à Revolução de 1789 a prosperidade nacional da França aumentou mais rapidamente do que nos vinte anos anteriores a esse evento".[4] Ele foi forçado a concluir que "os franceses achavam sua posição cada vez mais intolerável à medida que ela melhorava".[5] Tanto na França quanto na Rússia, os camponeses famintos por terra possuíam quase exatamente um terço das terras agrícolas no início da revolução, e a maior parte dessas terras foi adquirida durante uma ou duas gerações que antecederam a revolução.[6] Não é o sofrimento real, mas o gosto de coisas melhores que estimula as pessoas a se revoltarem. É improvável que ocorra uma revolta popular na Rússia Soviética antes que o povo tenha um verdadeiro sabor da boa vida. O momento mais perigoso para o regime do Politburo será quando uma melhoria considerável nas condições econômicas das massas russas for alcançada e o regime totalitário de ferro for um pouco relaxado. É interessante notar que o assassinato, em dezembro de 1934, do amigo íntimo de Stalin, Kirov, aconteceu pouco tempo depois de Stalin ter anunciado o fim bem-sucedido do primeiro Plano Quinquenal e o início de uma nova era próspera e alegre.

A intensidade do descontentamento parece ser inversamente proporcional à distância do objeto desejado ardentemente. Isso é verdade, quer nos movamos em direção à nossa meta ou para longe dela. Isso é verdade tanto para aqueles que acabaram de chegar à terra prometida quanto para os deserdados que ainda a vislumbram; tanto para os que estão prestes a se tornar ricos, livres etc., quanto para os novos pobres e os que foram escravizados recentemente.

23

Nossa frustração é maior quando temos muito e queremos mais do que quando não temos nada e queremos um pouco. Ficamos menos insatisfeitos quando nos faltam muitas coisas do que quando parece nos faltar apenas uma.

24

Ousamos mais quando nos esforçamos por supérfluos do que por necessidades. Muitas vezes, quando renunciamos aos supérfluos, acabamos carentes de necessidades.

25

Há uma esperança que age como um explosivo e outra que disciplina e infunde paciência. A diferença está entre a esperança imediata e a distante.

Um movimento de massa crescente prega a esperança imediata. Sua intenção é estimular seus seguidores a agir, e é o tipo de esperança que está por perto que leva a isso. O cristianismo em ascensão pregava o fim imediato do mundo e a proximidade do reino dos céus; Maomé prometia prêmios aos fiéis; os jacobinos prometiam liberdade e igualdade imediatas; os primeiros bolcheviques prometiam pão e terra; Hitler prometia o fim imediato da escravidão de Versalhes, bem como trabalho e ação para todos. Mais tarde, à medida que o movimento toma posse do poder, a ênfase é transferida para a esperança distante – o sonho e a visão. Pois um movimento de massa "recente" está preocupado com a preservação do presente e valoriza a obediência e a paciência acima da ação espontânea, e quando "esperamos por algo que ainda não temos, devemos fazê-lo com paciência".[7]

Todo movimento de massa estabelecido tem sua esperança distante, sua marca de ópio para entorpecer a impaciência das massas e reconciliá-las com seu destino na vida. O stalinismo é um ópio do povo tanto quanto as religiões estabelecidas.[8]

O POBRE LIVRE

26

Os escravizados são pobres; no entanto, onde a escravidão é generalizada e estabelecida há muito tempo, há pouca probabilidade de surgimento de um movimento de massa. A igualdade absoluta entre os escravizados e a vida comunitária íntima nos alojamentos deles impedem a frustração individual. Em uma sociedade com uma instituição de escravidão, os causadores de problemas são os recém-escravizados e os que foram libertados. No caso desses últimos, é o ônus da liberdade que está na raiz de seu descontentamento.

A liberdade agrava pelo menos tanto quanto alivia a frustração. A liberdade de escolha coloca toda a culpa do fracasso sobre os ombros do indivíduo. E como a liberdade incentiva uma multiplicidade de tentativas, ela inevitavelmente multiplica o fracasso e a frustração. A liberdade alivia a frustração ao disponibilizar os paliativos da ação, do movimento, da mudança e do protesto.

A menos que um homem tenha os talentos para fazer algo de si mesmo, a liberdade é um fardo incômodo. De que adianta a liberdade de escolha se o indivíduo é ineficaz? Nós nos juntamos a um movimento de massa para escapar da responsabilidade individual ou, nas palavras de um jovem nazista fervoroso, "para sermos livres da liberdade".[9] Não foi hipocrisia pura quando os nazistas de base se declararam inocentes de todas as atrocidades que haviam cometido. Eles se consideravam enganados e maltratados quando eram obrigados a assumir a responsabilidade pela obediência às ordens. Afinal, não haviam aderido ao movimento nazista para se livrar da responsabilidade?

Parece, então, que o terreno mais fértil para a propagação de um movimento de massa é uma sociedade com considerável liberdade, mas sem os paliativos da frustração. Foi justamente porque os camponeses da França do século 18, diferentemente dos camponeses da Alemanha e da Áustria, não eram mais servos e já possuíam terras, que foram receptivos ao apelo da Revolução Francesa. Talvez também não tivesse havido uma revolução bolchevique se o camponês russo não tivesse sido livre por pelo menos uma geração e não tivesse tido a experiência da propriedade da terra.

27

Mesmo os movimentos de massa que se erguem em nome da liberdade contra uma ordem opressiva não realizam a liberdade individual quando começam a se desenvolver. Enquanto um movimento estiver envolvido em uma luta desesperada contra a ordem vigente ou precisar se defender contra inimigos internos ou externos, sua principal preocupação será com a unidade e o autossacrifício, que exigem a renúncia da vontade, do julgamento e da vantagem individuais. De acordo com Robespierre, o governo revolucionário era "o despotismo da liberdade contra a tirania".[10]

O ponto importante é que, ao esquecer ou adiar a liberdade individual, o movimento de massa ativo não vai contra as inclinações de um seguidor zeloso. Os fanáticos, diz Renan, temem a liberdade mais do que temem a perseguição.[11] É verdade que os adeptos de um movimento em ascensão têm um forte senso de libertação, embora vivam e respirem em uma atmosfera de estrita adesão a princípios e ordens. Esse senso de libertação vem do fato de terem escapado dos fardos, medos e desesperança de uma existência individual insustentável. É essa fuga que eles sentem como uma libertação e redenção. A experiência de uma grande mudança também transmite uma sensação de liberdade, mesmo que as mudanças sejam executadas em uma estrutura de disciplina rígida. Somente quando o movimento passa de sua fase ativa e se solidifica em um padrão de instituições estáveis é que a liberdade individual tem a chance de emergir. Quanto mais curta for a fase ativa, mais parecerá que o movimento em si, e não seu término, possibilitou o surgimento da liberdade individual. Essa impressão será mais pronunciada quanto mais tirânica for a dispensação que o movimento de massa derrubou e suplantou.

28

Aqueles que consideram suas vidas deterioradas e desperdiçadas anseiam por igualdade e fraternidade mais do que por liberdade. Se eles clamam por liberdade, é apenas liberdade para estabelecer igualdade e uniformidade. A paixão pela igualdade é, em parte, uma paixão pelo anonimato: ser um fio dentre os muitos que compõem uma túnica; um fio que não se distingue dos outros.[12] Ninguém pode nos apontar, nos comparar com os outros e expor nossa inferioridade.

Aqueles que clamam mais alto por liberdade são geralmente os que têm menos probabilidade de serem felizes em uma sociedade livre. Os frustrados, oprimidos por suas deficiências, atribuem seu fracasso às restrições existentes. Na verdade, seu desejo mais íntimo é acabar com a "liberdade para todos". Eles querem eliminar a livre concorrência e os testes implacáveis aos quais o indivíduo é continuamente submetido em uma sociedade livre.

29

Onde a liberdade é real, a igualdade é a paixão das massas. Onde a igualdade é real, a liberdade é a paixão de uma pequena minoria.

A igualdade sem liberdade cria um padrão social mais estável do que a liberdade sem igualdade.

OS POBRES CRIATIVOS

30

A pobreza, quando associada à criatividade, geralmente é livre de frustração. Isso é verdade para o pobre artesão habilidoso em seu ofício e para o pobre escritor, artista e cientista em plena posse de seus poderes criativos. Nada reforça tanto nossa autoconfiança e nos reconcilia conosco mesmos quanto a capacidade contínua de criar, de ver as coisas crescerem e se desenvolverem sob nossas mãos, dia após dia. O declínio do artesanato nos tempos modernos talvez seja uma das causas do aumento da frustração e da maior suscetibilidade do indivíduo aos movimentos de massa.

É impressionante observar como, com o enfraquecimento dos poderes criativos do indivíduo, surge uma inclinação acentuada para aderir a um movimento de massa. Aqui, a conexão entre a fuga de um eu ineficaz e a resposta aos movimentos de massa é muito clara. O autor, artista ou cientista que está em declínio – pela escassez do fluxo criativo interno –, mais cedo ou mais tarde cai nos campos dos patriotas fervorosos, dos promotores da raça, dos promotores da elevação e dos defensores das causas sagradas. Talvez os sexualmente impotentes estejam sujeitos ao mesmo impulso. (O papel dos não criativos no movimento nazista é discutido na Seção 111.)

OS POBRES UNIFICADOS

31

Os pobres que são membros de um grupo compacto – uma tribo, uma família unida, um grupo racial ou religioso compacto – são relativamente livres de frustração e, portanto, quase imunes ao apelo de um movimento de massa proselitista. Quanto menos uma pessoa se vê como um indivíduo autônomo, capaz de moldar seu próprio curso e exclusivamente responsável por sua posição na vida, menos provável é que ela veja sua pobreza como evidência de sua própria inferioridade. Um membro de um grupo compacto tem um "ponto de revolta" mais elevado do que um indivíduo autônomo. É preciso muita miséria e humilhação pessoal para levá-lo à revolta. A causa da revolução em uma sociedade totalitária geralmente é o enfraquecimento da estrutura totalitária, não o ressentimento contra a opressão e a angústia.

Os fortes laços familiares dos chineses provavelmente os mantiveram por muito tempo relativamente imunes ao apelo dos movimentos de massa. "O europeu que 'morre por seu país' se comporta de maneira ininteligível para um chinês, porque sua família não é diretamente beneficiada – é, na verdade, prejudicada pela perda de um de seus membros." Em contrapartida, ele considera compreensível e honroso "quando um chinês, em consideração ao tanto pago à sua família, consente em ser executado como substituto de um criminoso condenado".[13]

É óbvio que um movimento de massa proselitista deve romper todos os laços de grupo existentes se quiser conquistar um número considerável de seguidores. O convertido em potencial ideal é o indivíduo que está sozinho, que não tem um corpo coletivo com o qual possa se misturar e no qual possa se perder, mascarando assim a mesquinhez, a falta de sentido e a falta de dignidade de sua existência individual. Quando um movimento de massa encontra o padrão corporativo da família, da tribo, do país etc., em um estado de ruptura e decadência, ele se move e faz a colheita. Quando encontra o padrão corporativo em bom estado de conservação, ele deve atacar e destruir. No entanto, quando, como nos últimos anos na Rússia, vemos o movimento bolchevique reforçando a solidariedade familiar e encorajando a coesão nacional, racial e religiosa, isso é um sinal de que o movimento passou de sua fase dinâmica, que já estabeleceu seu novo padrão de vida e que sua principal preocupação é manter e preservar o que alcançou. No resto do mundo, onde o comunismo ainda é um movimento em luta, ele faz tudo o que pode para desestruturar a família e desacreditar os laços nacionais, raciais e religiosos.

32

A atitude dos movimentos de massa em ascensão em relação à família é de considerável interesse. Quase todos os movimentos contemporâneos mostraram em seus estágios iniciais uma atitude hostil em relação à família e fizeram tudo o que puderam para desacreditá-la e desestruturá-la. Fizeram isso minando a autoridade dos pais, facilitando o divórcio, assumindo a responsabilidade pela alimentação, educação e entretenimento das crianças e incentivando a ilegitimidade. Moradias superlotadas, exílio, campos de concentração e terror também ajudaram a enfraquecer e a desestruturar a família. Ainda assim, nenhum de nossos movimentos contemporâneos foi tão franco em seu antagonismo contra a família como o cristianismo primitivo. Jesus não poupou palavras: "Vim para pôr o homem contra seu pai, a filha contra sua mãe, e a nora contra sua sogra. Seus inimigos estarão em sua própria casa. Quem ama seu pai ou sua mãe mais que a mim não é digno de mim; e quem ama seu filho ou sua filha mais que a mim não é digno de mim".[14] Quando Lhe disseram que Sua mãe e Seus irmãos estavam do lado de fora desejando falar com Ele, Ele disse: "'Quem é minha mãe? Quem são meus irmãos?'. Então apontou para seus discípulos e disse: 'Vejam, estes são minha mãe e meus irmãos'".[15] Quando um de Seus discípulos pediu licença para ir enterrar seu pai, Jesus lhe disse: "Siga-me agora. Deixe que os mortos sepultem seus próprios mortos".[16] Ele parecia perceber os terríveis conflitos familiares que Seu movimento estava fadado a provocar, tanto por seu proselitismo quanto pelo ódio fanático de seus antagonistas. "O irmão trairá seu irmão e o entregará à morte, e assim também o pai a seu próprio filho. Os filhos se rebelarão contra os pais e os matarão".[17]

É estranho, mas é verdade que aquele que prega o amor fraternal também prega contra o amor à mãe, ao pai, ao irmão, à irmã, à esposa e aos filhos. O sábio chinês Mo-Tzü, que defendia o amor fraterno, foi condenado com razão pelos confucionistas que prezavam a família acima de tudo. Eles argumentavam que o princípio do amor universal dissolveria a família e destruiria a sociedade.[18] O proselitista que vem e diz "Siga-me" é um destruidor de famílias, mesmo que não tenha consciência de qualquer hostilidade contra a família e não tenha a menor intenção de enfraquecer sua solidariedade. Quando São Bernardo pregava, sua influência era tal que "diz-se que as mães escondiam seus filhos dele, e as mulheres, seus maridos, para que ele não os atraísse. Na verdade, ele desfez tantos lares que as esposas abandonadas formaram um convento".[19]

* * *

Como era de se esperar, a desestruturação da família, independentemente de suas causas, promove um consequente espírito coletivo e cria uma capacidade de resposta ao apelo dos movimentos de massa.

A invasão japonesa, sem dúvida, enfraqueceu o padrão de família compacta dos chineses e contribuiu para o recente aumento da receptividade deles ao nacionalismo e ao comunismo. No mundo ocidental industrializado, a família é enfraquecida e desestruturada principalmente por fatores econômicos. A independência econômica das mulheres facilita o divórcio. A independência econômica dos jovens enfraquece a autoridade dos pais e também acelera a separação precoce do grupo familiar. O poder de atração dos grandes centros industriais sobre as pessoas que vivem em fazendas e em cidades pequenas tensiona e rompe os laços familiares. Ao enfraquecer a família, esses fatores contribuíram de certa forma para o crescimento do espírito coletivo nos tempos modernos.

O deslocamento lunático de populações inteiras por parte de Hitler durante a Segunda Guerra Mundial e seus assombrosos feitos de extermínio devem ter destruído e desestruturado milhões de famílias em grande parte da Europa. Ao mesmo tempo, os ataques aéreos anglo-americanos, a expulsão de nove milhões de alemães do leste e do sul da Europa e o atraso na repatriação dos prisioneiros de guerra alemães fizeram com a Alemanha o que Hitler havia feito com a Europa. É difícil ver como, mesmo em condições econômicas e políticas ideais, um continente repleto de famílias com problemas poderia se estabelecer em um padrão social conservador normal.

33

O descontentamento gerado nos países atrasados pelo contato com a civilização ocidental não é primariamente um ressentimento contra a exploração por estrangeiros dominadores. Em vez disso, é o resultado de um desmoronamento ou enfraquecimento da solidariedade tribal e da vida comunitária.

O ideal de progresso próprio que o Ocidente civilizado oferece às populações atrasadas traz consigo a praga da frustração individual. Todas as vantagens trazidas pelo Ocidente são substitutos ineficazes para o abrigo e o anonimato reconfortante de uma existência comunitária. Mesmo quando o nativo ocidentalizado alcança o sucesso pessoal – fica rico ou domina uma profissão respeitada –, ele não é feliz. Ele se sente nu e órfão. Os movimentos nacionalistas nos países coloniais são, em parte, uma luta pela existência em grupo e uma fuga do individualismo ocidental.

As potências colonizadoras ocidentais oferecem ao nativo a dádiva da liberdade individual e da independência. Elas tentam ensiná-lo a ser autossuficiente. Na verdade, tudo isso equivale a um isolamento individual. Significa a separação de um indivíduo imaturo e mal equipado do todo corporativo, liberando-o, nas palavras de Khomiakov, "para a liberdade de sua própria impotência".[20] O desejo febril de se unir e se juntar a massas, tão manifesto em nossa terra natal quanto nos países que colonizamos, é a expressão de um esforço desesperado para escapar dessa existência individual ineficaz e sem propósito. É muito possível, portanto, que os atuais movimentos nacionalistas na Ásia possam levar – mesmo sem a influência russa – a uma forma de sociedade mais ou menos coletivista, em vez de democrática.

A política de uma potência colonial exploradora deve ser a de incentivar a coesão comunitária entre os nativos. Ela deve promover a igualdade e um sentimento de fraternidade entre eles. Pois, na medida em que os governados se misturam e se perdem em um todo compacto, a pungência de sua futilidade individual é atenuada; e o processo que transforma a miséria em frustração e revolta é controlado na fonte. A estratégia de "dividir para governar" é ineficaz quando visa enfraquecer todas as formas de coesão entre os governados. A divisão de uma comunidade de vilarejo, de uma tribo ou de uma nação em indivíduos autônomos não elimina nem sufoca o espírito de rebelião contra o poder dominante. Uma divisão eficaz é aquela que promove uma multiplicidade de corpos compactos – raciais, religiosos ou econômicos – que rivalizam e desconfiam uns dos outros.

Mesmo quando uma potência colonial é totalmente filantrópica e seu único objetivo é levar prosperidade e progresso a um povo atrasado, ela deve fazer tudo o que puder para preservar e reforçar o padrão de coletividade. Ela não deve se concentrar no indivíduo, mas injetar as inovações e reformas nos canais tribais ou comunitários e deixar que a tribo ou a comunidade progrida como um todo. Talvez seja verdade que a modernização bem-sucedida de um povo atrasado só possa ser realizada em uma estrutura forte de ação unida. A espetacular modernização do Japão foi realizada em uma atmosfera carregada com o fervor da ação unida e da consciência de grupo.

A vantagem da Rússia Soviética como potência colonizadora – além da ausência de preconceito racial – é que ela possui um modelo pronto e eficaz de ação unificada. Ela pode desconsiderar e deliberadamente sumir com todos os laços de grupo existentes sem o risco de gerar descontentamento individual e eventual revolta. Pois o nativo sovietizado não é deixado lutando sozinho em um mundo hostil. Ele começa sua nova vida como membro de um grupo muito unido, mais compacto e comunitário do que o clã ou a tribo de que fazia parte.

O dispositivo de incentivo à coesão comunitária como prevenção de distúrbios coloniais também pode ser usado para evitar distúrbios trabalhistas nos países colonizadores industrializados.

O empregador, cujo único objetivo é manter seus funcionários em suas tarefas e obter tudo o que puder deles, provavelmente não atingirá sua meta dividindo-os, jogando um trabalhador contra o outro. Em vez disso, é de seu interesse que os trabalhadores se sintam parte de um todo e, de preferência, um todo que inclua também o empregador. Um sentimento vívido de solidariedade, seja racial, nacional ou religiosa, é, sem dúvida, um meio eficaz de evitar distúrbios trabalhistas. Mesmo quando o tipo de solidariedade é tal que não pode incluir o empregador, ainda assim tende a promover o contentamento e a eficiência do trabalho. A experiência mostra que a produção é a melhor possível quando os trabalhadores se sentem e agem como membros de uma equipe. Qualquer política que perturbe e desfaça a equipe causará sérios problemas. "Os planos de incentivo salarial que oferecem bônus a trabalhadores individuais causam mais danos do que benefícios. (...) Os planos de incentivo do grupo em que o bônus se baseia no trabalho de toda a equipe, incluindo o encarregado (...), têm muito mais probabilidade de promover maior produtividade e maior satisfação por parte dos trabalhadores."[21]

34

Um movimento de massa em ascensão atrai e mantém seguidores não por sua doutrina e promessas, mas pelo refúgio que oferece contra as ansiedades, o vazio e a falta de sentido de uma existência individual. Ele cura os pungentemente frustrados não ao conferir a eles uma verdade absoluta ou ao remediar as dificuldades e os abusos que tornaram suas vidas miseráveis, mas ao libertá-los de seus eus ineficazes – e faz isso envolvendo-os e absorvendo-os em um todo corporativo exultante e intimamente ligado.

Portanto, é óbvio que, para ser bem-sucedido, um movimento de massa deve desenvolver, o mais cedo possível, uma organização corporativa compacta e uma capacidade de absorver e integrar todos os que chegam. É inútil julgar a viabilidade de um novo movimento pela veracidade de sua doutrina e pela viabilidade de suas promessas. O que deve ser julgado é sua coletividade para a absorção rápida e total dos frustrados. Quando novos credos disputam entre si a fidelidade da população, vence aquele que apresentar a estrutura coletiva mais aperfeiçoada. De todos os cultos e filosofias que competiam no mundo greco-romano, somente o cristianismo desenvolveu, desde o início, uma organização compacta. "Nenhum de seus rivais possuía uma estrutura tão poderosa e coerente quanto a igreja. Nenhum outro deu a seus adeptos a mesma sensação de estar em uma comunidade estreitamente unida."[22] O movimento bolchevique superou todos os outros movimentos marxistas na corrida pelo poder por causa de sua organização coletiva rígida. O movimento nacional-socialista também venceu todos os outros movimentos folclóricos que surgiram na década de 1920, devido ao reconhecimento precoce de Hitler de que um movimento de massa em ascensão nunca pode ir longe demais na defesa e promoção da coesão coletiva. Ele sabia que a principal paixão dos frustrados é "pertencer" e que nunca é demais cimentar e unir para satisfazer essa paixão.

35

O ambiente mais favorável ao surgimento e à propagação de movimentos de massa é aquele em que uma estrutura corporativa outrora compacta está, por um motivo ou outro, em um estado de desintegração. A ocasião em que o cristianismo surgiu e se espalhou "foi uma época em que um grande número de homens foi desarraigado. As cidades-Estado compactas haviam sido parcialmente fundidas em um vasto império (...), e os antigos grupos sociais e políticos haviam sido enfraquecidos ou dissolvidos".[23] O cristianismo fez seu maior progresso nas grandes cidades, onde viviam "milhares de indivíduos desarraigados, alguns deles escravizados, alguns libertos e alguns comerciantes, que haviam sido separados à força ou voluntariamente de seu meio hereditário".[24] No campo, onde o padrão comunal era menos perturbado, a nova religião encontrou um terreno menos favorável. Os aldeões (*pagani*) e os habitantes das regiões mais isoladas (*heathen*) se apegaram por mais tempo aos cultos antigos. Uma situação semelhante pode ser observada no surgimento dos movimentos nacionalistas e socialistas na segunda metade do século 19: "a extraordinária mobilidade e urbanização da população serviu para criar, durante aquelas décadas, um número considerável de (...) pessoas desarraigadas do solo ancestral e da lealdade local. Experimentando grave insegurança econômica e desajuste psicológico, essas pessoas eram muito suscetíveis à propaganda demagógica, socialista ou nacionalista, ou ambas".[25]

A regra parece ser que, à medida que um padrão de coesão corporativa se enfraquece, as condições se tornam propícias para o surgimento de um movimento de massa e o eventual estabelecimento de uma forma nova e mais vigorosa de unidade compacta. Quando uma igreja que era abrangente relaxa seu controle, é provável que novos movimentos religiosos se cristalizem. H. G. Wells observa que, na época da Reforma, as pessoas "não se opunham ao poder da igreja, mas sim às suas fraquezas. (...) Seus movimentos contra a igreja, dentro e fora dela, eram movimentos não pela libertação de um controle religioso, mas por um controle religioso mais completo e abundante".[26] Se os ânimos religiosos forem minados pelo esclarecimento, os movimentos que surgirem serão socialistas, nacionalistas ou racistas. A Revolução Francesa, que também foi um movimento nacionalista, surgiu como uma reação não contra a vigorosa tirania da Igreja Católica e do antigo regime, mas contra sua fraqueza e ineficácia. Quando as pessoas se revoltam em uma sociedade totalitária, elas se levantam não contra a maldade do regime, mas sim contra sua fraqueza.

Onde o modelo coletivo é forte, é difícil para um movimento de massa encontrar uma base. A sólida estrutura comunitária dos judeus, tanto na Palestina quanto na Diáspora, foi provavelmente uma das razões pelas quais o cristianismo teve tão pouco progresso entre eles. A destruição do templo causou, no mínimo, um estreitamento dos laços comunitários. A sinagoga e a congregação recebiam agora grande parte da devoção que antes era direcionada ao templo e a Jerusalém. Posteriormente, quando a igreja cristã teve o poder de segregar os judeus em guetos, ela reforçou ainda mais a coesão da comunidade e, assim, sem querer, garantiu a sobrevivência intacta do judaísmo ao longo dos tempos. A chegada do chamado "Iluminismo" minou tanto a ortodoxia quanto os muros dos guetos. De repente, e talvez pela primeira vez desde os dias de Jó e Eclesiastes, o judeu se viu como um indivíduo, terrivelmente sozinho em um mundo hostil. Não havia um corpo coletivo com o qual ele pudesse se misturar e se perder. A sinagoga e a congregação haviam se tornado coisas murchas e sem vida, enquanto as tradições e os preconceitos de dois mil anos impediam sua completa integração com as estruturas sociais dos gentios. Assim, o judeu moderno tornou-se o mais autônomo dos indivíduos e, inevitavelmente, também o mais frustrado. Não é de surpreender, portanto, que os movimentos de massa dos tempos modernos muitas vezes tenham encontrado nele um convertido disposto. O judeu também se aglomerava nas estradas que levavam a paliativos para a frustração, como a agitação e a migração. Ele também se lançou em um esforço fervoroso para provar seu valor individual por meio de conquistas materiais e trabalho criativo. Havia, é verdade, um mínimo resquício de coletividade que ele podia criar ao seu redor com seus próprios esforços, ou seja, a família – e ele a aproveitava ao máximo. Mas no caso do judeu europeu, Hitler triturou e queimou esse único refúgio em campos de concentração e câmaras de gás. Portanto, agora, mais do que nunca, o judeu, especialmente na Europa, é o convertido em potencial ideal. E parece quase providencial que o sionismo esteja à disposição no momento mais sombrio do judeu para envolvê-lo em seu abraço comunitário e curá-lo de seu isolamento individual. Israel é de fato um refúgio raro: é lar e família, sinagoga e congregação, nação e partido revolucionário, tudo em um só lugar.

A história recente da Alemanha também fornece um exemplo interessante da relação entre a coesão coletiva e a receptividade ao apelo dos movimentos de massa. Não havia nenhuma probabilidade de surgir um movimento revolucionário genuíno na Alemanha de Guilherme II. Os alemães estavam satisfeitos com o regime centralizado e autoritário do Kaiser, e mesmo a derrota na Primeira Guerra Mundial não prejudicou seu amor por ele. A revolução de 1918 foi uma coisa artificial com pouco apoio popular. Os anos da Constituição de Weimar que se seguiram foram, para a maioria dos alemães, um período de irritação e frustração. Acostumados a comandos vindos de cima e ao respeito pela autoridade, eles acharam que a ordem democrática solta e irreverente era só confusão e caos. Ficaram chocados ao perceber "que tinham de participar do governo, escolher um partido e julgar questões políticas".[27] Ansiavam por um novo todo corporativo, mais monolítico, abrangente e glorioso de se ver do que até mesmo o regime do Kaiser havia sido – e o Terceiro Reich mais do que atendeu às suas preces. O regime totalitário de Hitler, uma vez estabelecido, nunca correu o risco de revolta em massa. Enquanto a hierarquia nazista governante estivesse disposta a assumir todas as responsabilidades e tomar todas as decisões, não havia a menor chance de surgir qualquer antagonismo popular. Um ponto de perigo poderia ter sido alcançado se a disciplina nazista e seu controle totalitário tivessem sido relaxados. O que Alexis de Tocqueville diz sobre um governo tirânico é válido para todas as ordens totalitárias – seu momento de maior perigo é quando começam a se reformar, ou seja, quando começam a mostrar tendências liberais.[28]

Outra e última ilustração da tese de que os corpos coletivos eficazes são imunes ao apelo dos movimentos de massa, mas que um padrão coletivo em ruínas é o ambiente mais favorável para seu surgimento, é encontrada na relação entre o corpo coletivo que conhecemos como exército e os movimentos de massa. É difícil encontrar um exemplo de um exército intacto que tenha dado origem a um movimento religioso, revolucionário ou nacionalista.

Em compensação, um exército em desintegração – seja pelo processo ordenado de desmobilização ou pela deserção devido à desmoralização – é um terreno fértil para um movimento proselitista. O homem que acaba de sair do exército é um potencial convertido ideal, e o encontramos entre os primeiros adeptos de todos os movimentos de massa contemporâneos. Ele se sente sozinho e perdido na vida de liberdade civil. As responsabilidades e incertezas de uma existência autônoma pesam e o atormentam. Ele anseia por certeza, camaradagem, liberdade da responsabilidade individual e uma visão de algo totalmente diferente da sociedade livre e competitiva que o cerca – e ele encontra tudo isso na fraternidade e na atmosfera revivalista de um movimento em ascensão.[29]

VI. DESAJUSTADOS

36

A frustração dos desajustados pode variar em intensidade. Em primeiro lugar, há os desajustados temporários: pessoas que não encontraram seu lugar na vida, mas ainda esperam encontrá-lo. Adolescentes, graduados universitários desempregados, veteranos, novos imigrantes e afins fazem parte dessa categoria. Eles são inquietos, insatisfeitos e assombrados pelo medo de que seus melhores anos sejam desperdiçados antes de alcançarem seu objetivo. São receptivos à pregação de um movimento de proselitismo, mas nem sempre se convertem firmemente. Pois não estão irrevogavelmente afastados do eu; não o veem como irremediavelmente deteriorado. Para eles, é fácil conceber uma existência autônoma que tenha propósito e esperança. A menor evidência de progresso e sucesso os reconcilia com o mundo e com o próprio eu.

O papel dos veteranos no surgimento de movimentos de massa foi abordado na Seção 35. É provável que uma guerra prolongada de exércitos nacionais seja seguida por um período de agitação social tanto para os vencedores quanto para os vencidos. O motivo não é o desencadeamento das paixões e o gosto pela violência durante a guerra, nem a perda da fé em uma ordem social que não conseguiu evitar um desperdício tão grande e sem sentido de vidas e riquezas. Isso se deve, na verdade, à prolongada interrupção da rotina civil de milhões de pessoas alistadas nos exércitos nacionais. Os soldados que retornam acham difícil recuperar o ritmo de suas vidas antes da guerra. A readaptação à paz e ao lar é lenta e dolorosa, e o país está repleto de desajustados temporários.

Assim, parece que a passagem da guerra para a paz é mais crítica para uma ordem estabelecida do que a passagem da paz para a guerra.

37

Os desajustados permanentes são aqueles que, devido à falta de talento ou a alguma deficiência irreparável no corpo ou na mente, não conseguem fazer a única coisa pela qual todo o seu ser anseia. Nenhuma conquista em outros campos, por mais espetacular que seja, pode lhes dar uma sensação de realização. Tudo o que empreendem se torna uma busca apaixonada, mas eles nunca chegam lá, nunca param. Eles demonstram o fato de que nunca podemos ter o suficiente daquilo que realmente não queremos e que corremos mais rápido e mais longe quando fugimos de nós mesmos.

Os desajustados permanentes só podem encontrar a salvação em uma separação completa do eu; e eles geralmente a encontram ao se perderem na coletividade coesa de um movimento de massa. Ao renunciar à vontade, ao julgamento e à ambição individuais, e ao dedicar todos os seus poderes ao serviço de uma causa eterna, eles são finalmente retirados da esteira interminável que nunca poderá levá-los à realização.

Os mais frustrados – e, portanto, os mais veementes – entre os desajustados permanentes são aqueles que têm um desejo insatisfeito de trabalhar com criatividade. Tanto aqueles que tentam escrever, pintar, compor etc., e fracassam de forma decisiva, quanto aqueles que, depois de saborear a alegria da criatividade, sentem o fluxo criativo secar e sabem que nunca mais produzirão algo que valha a pena estão igualmente nas garras de uma paixão desesperada. Nem a fama, nem o poder, nem as riquezas, nem mesmo as realizações monumentais em outros campos podem saciá-los. Mesmo a dedicação sincera a uma causa sagrada nem sempre os cura. Sua sede insaciável persiste, e é provável que se tornem os extremistas mais violentos a serviço de sua causa sagrada.[1]

VII. O EGOÍSMO DESMEDIDO

38

Os egoístas desmedidos são particularmente suscetíveis à frustração. Quanto mais egoísta for uma pessoa, mais pungentes serão suas decepções. Portanto, os egoístas desmedidos provavelmente serão os defensores mais persuasivos do altruísmo.

Os fanáticos mais ferozes geralmente são pessoas egoístas que foram forçadas, por deficiências inatas ou circunstâncias externas, a perder a fé em si mesmas. Eles separam o excelente instrumento de seu egoísmo de seu ego ineficaz e o colocam a serviço de alguma causa sagrada. E embora adotem uma crença de amor e humildade, eles não podem ser nem amorosos nem humildes.

VIII. O AMBICIOSO DIANTE DE OPORTUNIDADES ILIMITADAS

39

Oportunidades ilimitadas podem ser uma causa tão potente de frustração quanto a escassez ou a falta de oportunidades. Quando as oportunidades são aparentemente ilimitadas, há uma inevitável depreciação do presente. A atitude é: "Tudo o que estou fazendo ou possivelmente posso fazer não é nada em comparação com o que ainda não foi feito". Essa é a frustração que paira sobre os campos de ouro e assombra as mentes tensas em tempos de expansão. Daí o fato notável de que, juntamente com a busca implacável de si mesmo, que parece ser o principal impulsor dos caçadores de ouro, dos grileiros de terras e de outros entusiastas do enriquecimento rápido, há uma prontidão excessiva para o autossacrifício e a ação unida. O patriotismo, a solidariedade racial e até mesmo a pregação da revolução encontram uma resposta mais pronta entre as pessoas que veem oportunidades ilimitadas à sua frente do que entre aquelas que se movem dentro dos limites fixos de um modelo de existência familiar, ordenado e previsível.

IX. MINORIAS

40

Uma minoria está em uma posição precária, por mais que seja protegida pela lei ou pela força. A frustração gerada pela inevitável sensação de insegurança é menos intensa em uma minoria que pretende preservar sua identidade do que em uma que pretende se dissolver e se misturar à maioria. Por um lado, uma minoria que preserva sua identidade é inevitavelmente um todo compacto que abriga o indivíduo dá a ele um senso de pertencimento e o imuniza contra a frustração. Por outro lado, em uma minoria inclinada à assimilação, o indivíduo fica sozinho, lutando contra o preconceito e a discriminação. Ele também é sobrecarregado com o sentimento de culpa, mesmo que vago, de um renegado. O judeu ortodoxo é menos frustrado do que o judeu emancipado. O negro segregado no Sul é menos frustrado do que o negro não segregado no Norte.

Mais uma vez, dentro de uma minoria empenhada na assimilação, é provável que os menos e os mais bem-sucedidos (econômica e culturalmente) fiquem mais frustrados do que os que estão no meio. O homem que fracassa se vê como alguém de fora; e, no caso de um membro de um grupo minoritário que deseja se misturar à maioria, o fracasso intensifica o sentimento de não pertencimento. Um sentimento semelhante surge no outro extremo da escala econômica ou cultural. Os membros de uma minoria que alcançam fortuna e fama geralmente acham difícil entrar nos círculos exclusivos da maioria. Assim, eles se tornam conscientes de sua condição de estrangeiros. Além disso, tendo provas de sua superioridade individual, eles se ressentem da admissão de inferioridade implícita no processo de assimilação. Portanto, é de se esperar que os menos e os mais bem-sucedidos de uma minoria inclinada à assimilação sejam os mais receptivos ao apelo de um movimento de massa proselitista. Os menos e os mais bem-sucedidos entre os ítalo-americanos foram os mais fervorosos admiradores da revolução de Mussolini; os menos e os mais bem-sucedidos entre os irlandeses-americanos foram os mais receptivos ao apelo de De Valera; os menos e os mais bem-sucedidos entre os judeus são os mais receptivos ao sionismo; os menos e os mais bem-sucedidos entre os negros são os mais conscientes da raça.

X. OS ENTEDIADOS

41

Talvez não exista um indicador mais confiável do amadurecimento de uma sociedade para um movimento de massa do que a prevalência do tédio não aliviado. Em quase todas as descrições dos períodos que precedem o surgimento dos movimentos de massa, há referência a um grande tédio; e em seus estágios iniciais, os movimentos de massa têm mais probabilidade de encontrar simpatizantes e apoio entre os entediados do que entre os explorados e oprimidos. Para um fomentador deliberado de revoltas em massa, a informação de que as pessoas estão entediadas deveria ser pelo menos tão encorajadora quanto a de que estão sofrendo abusos econômicos ou políticos intoleráveis.

Quando as pessoas estão entediadas, é principalmente com elas mesmas. A consciência de uma existência estéril e sem sentido é a principal fonte do tédio. As pessoas que não estão conscientes de sua separação individual, como é o caso daquelas que são membros de uma tribo compacta, como uma igreja ou um partido, não são acessíveis ao tédio. O indivíduo diferenciado está livre do tédio somente quando está engajado em um trabalho criativo ou em alguma ocupação envolvente, ou quando está totalmente absorto na luta pela existência. A busca pelo prazer e a dissipação são paliativos ineficazes. Nos casos em que as pessoas vivem vidas autônomas e não estão mal, mas não têm habilidades ou oportunidades de trabalho criativo ou ação útil, não há como dizer a que estratégias desesperadas e fantásticas elas podem recorrer para dar significado e propósito às suas vidas.

O tédio é responsável pela presença quase invariável de solteironas e mulheres de meia-idade no nascimento dos movimentos de massa. Mesmo no caso do Islã e do movimento nazista, que desaprovavam a atividade feminina fora de casa, encontramos mulheres de um certo tipo desempenhando um papel importante no estágio inicial de seu desenvolvimento.

Para as mulheres, o casamento é equivalente a participar de um movimento de massa, pois oferece a elas um novo propósito na vida, um novo futuro e uma nova identidade (um novo nome). O tédio das solteironas e das mulheres que não conseguem mais encontrar alegria e realização no casamento decorre da consciência de uma vida estéril e deteriorada. Ao abraçarem uma causa sagrada e dedicarem suas energias e recursos ao seu avanço, elas encontram uma nova vida cheia de propósito e significado. Hitler fez pleno uso das "damas da sociedade sedentas de aventura, cansadas de suas vidas vazias, que não se divertiam mais com os casos amorosos".[1] Ele foi financiado pelas esposas de alguns dos grandes industriais muito antes de seus maridos terem ouvido falar dele.[2] Miriam Beard fala de um papel semelhante desempenhado por esposas entediadas de homens de negócios antes da Revolução Francesa: "elas eram devastadas pelo tédio e tinham ataques de histeria. Inquietas, aplaudiam os inovadores".[3]

XI. OS PECADORES

42

A observação sardônica de que o patriotismo é o último refúgio dos canalhas também tem um significado menos depreciativo. O patriotismo fervoroso, assim como o entusiasmo religioso e revolucionário, muitas vezes serve de refúgio para a consciência pesada. É estranho que tanto o agressor quanto o agredido, o pecador e aquele contra quem se peca, encontrem no movimento de massa uma fuga de uma vida manchada. O remorso e o sentimento de mágoa parecem levar as pessoas na mesma direção.

Às vezes parece que os movimentos de massa são feitos sob medida para atender às necessidades do criminoso – não apenas para a catarse de sua alma, mas também para o exercício de suas inclinações e talentos. A técnica de um movimento de massa proselitista tem como objetivo evocar nos fiéis a disposição e o estado de espírito de um criminoso arrependido.[1] A autoentrega, que é, como será demonstrado na Parte 3, a fonte da unidade e do vigor de um movimento de massa, é um sacrifício, um ato de expiação, e é claro que não se exige expiação a menos que haja um sentimento pungente de pecado. Aqui, como em qualquer outro lugar, a técnica de um movimento de massa visa infectar as pessoas com uma doença e depois oferecer o movimento como cura. "Que tarefa confronta o clero americano" – lamenta um religioso – "pregando as boas novas de um Salvador para pessoas que, em sua maioria, não têm um senso real de pecado".[2] Um movimento de massa eficaz cultiva a ideia de pecado. Ele retrata o eu autônomo não apenas como estéril e indefeso, mas também como vil. Confessar e arrepender-se é livrar-se de sua distinção e separação individual, e a salvação é encontrada ao perder-se na unidade santa da congregação.[3]

Em todos os movimentos de massa, há um ponto sensível para o criminoso e um cortejo ardente por ele. São Bernardo, o espírito movente da Segunda Cruzada, apelou para recrutas: "Pois o que é isso, senão uma chance requintada e inestimável de salvação devida somente a Deus, que o onipotente se digne a convocar para o Seu serviço, como se fossem inocentes, assassinos, estupradores, adúlteros, perjuros e culpados de todos os crimes?".[4] A Rússia revolucionária também tem uma queda pelo criminoso comum, embora seja implacável com o herege – o "desviante" ideológico. Talvez seja verdade que o criminoso que abraça uma causa sagrada esteja mais disposto a arriscar sua vida e ir a extremos em sua defesa do que as pessoas que se sentem impressionadas com a santidade da vida e da propriedade.

O crime é, até certo ponto, um substituto para um movimento de massa. Quando a opinião pública e a aplicação da lei não são muito rigorosas e a pobreza não é absoluta, a pressão clandestina de descontentes e desajustados geralmente se traduz em crime. Foi observado que, na exaltação dos movimentos de massa (sejam patrióticos, religiosos ou revolucionários), o crime comum diminui.

PARTE 3

AÇÃO UNIDA E AUTOSSACRIFÍCIO

XII. PREFÁCIO

43

O vigor de um movimento de massa decorre da propensão de seus seguidores para a ação unida e o autossacrifício. Quando atribuímos o sucesso de um movimento à sua fé, doutrina, propaganda, liderança, crueldade e assim por diante, estamos apenas nos referindo aos instrumentos de unificação e aos meios usados para inculcar a disposição para o autossacrifício. Talvez seja impossível entender a natureza dos movimentos de massa, a menos que se reconheça que sua principal preocupação é promover, aperfeiçoar e perpetuar a facilidade para a ação unida e o autossacrifício. Conhecer os processos pelos quais essa facilidade é gerada é compreender a lógica interna da maioria das atitudes e práticas características de um movimento de massa ativo. Com poucas exceções,[1] qualquer grupo ou organização que tente, por uma razão ou outra, criar e manter uma unidade compacta e uma prontidão constante para o autossacrifício geralmente manifesta as peculiaridades – tanto nobres quanto básicas – de um movimento de massa. Em contrapartida, um movimento de massa está fadado a perder muito do que o distingue de outros tipos de organização quando relaxa sua compactação coletiva e começa a considerar o interesse próprio como um motivo legítimo de atividade. Em tempos de paz e prosperidade, por um lado, uma nação democrática é uma associação institucionalizada de indivíduos mais ou menos livres. Por outro lado, em tempos de crise, quando a existência da nação é ameaçada e ela tenta reforçar sua unidade e gerar em seu povo uma disposição para o autossacrifício, ela quase sempre assume, em algum grau, o caráter de um movimento de massa. O mesmo se aplica às organizações religiosas e revolucionárias: o fato de elas se transformarem ou não em movimentos de massa depende menos da doutrina que pregam e do programa que projetam do que do grau de sua preocupação com a unidade e a disposição para o autossacrifício.

O ponto importante é que, nas pessoas pungentemente frustradas, as propensões para a ação unida e o autossacrifício surgem espontaneamente. Portanto, deve ser possível obter algumas pistas sobre a natureza dessas propensões e a técnica a ser empregada para sua inculcação deliberada, rastreando seu surgimento espontâneo na mente frustrada. O que aflige o frustrado? É a consciência de um eu irremediavelmente manchado. Seu principal desejo é escapar desse eu – e é esse desejo que se manifesta em uma propensão para a ação unida e o autossacrifício. A repulsa por um eu indesejado e o impulso de esquecê-lo, mascará-lo, eliminá-lo e perdê-lo produzem uma prontidão para sacrificar o eu e uma disposição para dissolvê-lo, perdendo a distinção individual em um todo coletivo coeso. Além disso, o distanciamento do eu geralmente é acompanhado por uma série de atitudes e impulsos diversos e aparentemente não relacionados que, se investigados mais de perto, revelam ser fatores essenciais no processo de unificação e de sacrifício do eu. Em outras palavras, a frustração não apenas dá origem ao desejo de união e à disposição para o autossacrifício, mas também cria um mecanismo para sua realização. Fenômenos tão diversos como a depreciação do presente, a facilidade de fazer de conta, a propensão ao ódio, a prontidão para imitar, a credulidade, a prontidão para tentar o impossível e muitos outros que lotam as mentes dos intensamente frustrados são, como veremos, agentes unificadores e estimuladores da imprudência.

Nas Seções 44 a 103, será feita uma tentativa de mostrar que, quando nos propomos a inculcar nas pessoas a facilidade para a ação unida e o autossacrifício, fazemos tudo o que podemos – quer saibamos disso ou não – para induzir e encorajar um distanciamento do eu, e que nos esforçamos para evocar e cultivar nelas muitas das diversas atitudes e impulsos que acompanham o distanciamento espontâneo do eu no frustrado. Em suma, tentaremos mostrar que a técnica de um movimento de massa ativo consiste basicamente na inculcação e no cultivo de propensões e respostas próprias da mente frustrada.

Espera-se que o leitor discorde de muito do que é dito nesta parte do livro. É provável que ele sinta que muito foi exagerado e muito foi ignorado. Mas isto não é um livro didático. É um livro de pensamentos, e ele não se esquiva de meias-verdades, desde que elas pareçam sugerir uma nova abordagem e ajudar a formular novas perguntas. "Para ilustrar um princípio", diz Bagehot, "você deve exagerar muito e deve omitir muito".

* * *

As capacidades de ação unida e autossacrifício parecem quase sempre andar juntas. Quando ouvimos falar de um grupo que despreza a morte de forma especial, geralmente podemos concluir que o grupo é intimamente ligado e completamente unificado.[2] Em compensação, quando nos deparamos com um membro de um grupo compacto, é provável que ele despreze a morte. Tanto a ação unida quanto o autossacrifício exigem a autodiminuição. Para se tornar parte de um todo compacto, o indivíduo precisa abrir mão de muita coisa. Ele precisa renunciar à privacidade, ao julgamento individual e, muitas vezes, às posses individuais. Educar uma pessoa para a ação unida é, portanto, prepará-la para atos de renúncia do eu. Além disso, o homem que pratica a autoabnegação se livra da casca dura que o mantém separado dos outros e, assim, torna-se assimilável. Todo agente unificador é, portanto, um promotor do autossacrifício e vice-versa. No entanto, nas seções seguintes, é feita uma divisão por conveniência. Mas a função dupla de cada fator é sempre mantida em mente.

É bom delinear aqui o plano seguido nas Seções 44 a 63, que tratam do assunto do autossacrifício.

A técnica de fomentar a prontidão para lutar e morrer consiste em separar o indivíduo de seu eu de carne e osso – em não permitir que ele seja seu verdadeiro eu. Isso pode ser alcançado: por meio da assimilação completa do indivíduo em um corpo coletivo compacto (Seções 44 a 46); dotando-o de um eu imaginário, de faz de conta (Seção 47); implantando nele uma atitude depreciativa em relação ao presente e concentrando seu interesse em coisas que ainda não existem (Seções 48 a 55); interpondo uma tela à prova de fatos entre ele e a realidade, ou seja, uma doutrina (Seções 56 a 59); impedindo, por meio do aporte de interesses, o estabelecimento de um equilíbrio estável entre o indivíduo e seu eu, ou seja, fanatismo (Seções 60 a 63).

XIII. FATORES QUE PROMOVEM O AUTOSSACRIFÍCIO

IDENTIFICAÇÃO COM UM TODO COLETIVO

44

Para amadurecer uma pessoa para o autossacrifício, ela deve ser despojada de sua identidade e distinção individuais. Ela deve deixar de ser George, Hans, Ivan ou Tadao – um átomo humano com uma existência limitada pelo nascimento e pela morte. A maneira mais drástica de atingir esse objetivo é a assimilação completa do indivíduo em um corpo coletivo. O indivíduo totalmente assimilado não vê a si mesmo e aos outros como seres humanos. Quando lhe perguntam quem ele é, sua resposta automática é que é um alemão, um russo, um japonês, um cristão, um muçulmano, um membro de determinada tribo ou família. Ele não tem propósito, valor e destino além de seu corpo coletivo; e enquanto esse corpo viver, ele não pode realmente morrer.

Para um homem totalmente desprovido de um senso de pertencimento, a mera vida é tudo o que importa. É a única realidade em uma eternidade de nada, e ele se agarra a ela com desespero desavergonhado. Dostoiévski deu palavras a esse estado de espírito em *Crime e Castigo* (Parte II, Capítulo 4). O estudante Raskolnikov perambula pelas ruas de São Petersburgo em um estado delirante. Há alguns dias, ele havia assassinado duas mulheres idosas com um machado. Ele se sente isolado da humanidade. Ao passar pelo distrito da luz vermelha perto do

Mercado do Feno, ele pensa: "Se alguém tivesse que viver em alguma rocha alta em uma saliência tão estreita que só tivesse espaço para ficar de pé, e tivesse ao seu redor apenas o oceano, a escuridão eterna, a solidão eterna, a tempestade eterna, se tivesse que permanecer de pé em um metro quadrado de espaço por toda a sua vida, mil anos, a eternidade, seria melhor viver assim do que morrer de uma vez! Só para viver, viver e viver! Vida seja ela qual for!".

A eliminação da individualidade deve ser completa. Em cada ato, por mais trivial que seja, o indivíduo deve, por meio de algum ritual, associar-se à congregação, à tribo, ao partido etc. Suas alegrias e tristezas, seu orgulho e sua confiança devem ser originados das fortunas e capacidades do grupo, não de suas perspectivas e habilidades individuais. Acima de tudo, ele nunca deve se sentir sozinho. Embora preso em uma ilha deserta, ele ainda deve sentir que está sob os olhos do grupo. Ser expulso do grupo deve ser equivalente a ser excluído da vida.

Esse é, sem dúvida, um estado primitivo de ser, e seus exemplos mais perfeitos são encontrados entre as tribos primitivas. Os movimentos de massa se esforçam para se aproximar dessa perfeição primitiva, e não estamos imaginando coisas quando o viés anti-individualista dos movimentos de massa contemporâneos nos parece um retrocesso ao primitivo.

45

A capacidade de resistir à coerção decorre, em parte, da identificação do indivíduo com um grupo. As pessoas que melhor resistiram nos campos de concentração nazistas foram aquelas que se sentiam membros de um partido compacto (os comunistas), de uma igreja (padres e ministros) ou de um grupo nacional muito unido. Os individualistas, independentemente de sua nacionalidade, sucumbiram. O judeu da Europa Ocidental provou ser o mais indefeso. Rejeitado pelos gentios (mesmo aqueles dentro dos campos de concentração) e sem laços vitais com uma comunidade judaica, ele enfrentou seus algozes sozinho, abandonado por toda a humanidade. Percebe-se agora que o gueto da Idade Média era para os judeus mais uma fortaleza do que uma prisão. Sem o senso de extrema unidade e distinção que o gueto lhes impunha, eles não poderiam ter suportado com espírito ininterrupto a violência e o abuso daqueles séculos sombrios. Quando a Idade Média retornou por uma breve década em nossos dias, o judeu foi capturado sem suas antigas defesas e esmagado.

A conclusão inevitável parece ser que, quando o indivíduo enfrenta a tortura ou a aniquilação, ele não pode contar com os recursos de sua própria individualidade. Sua única fonte são fatores que promovem o autossacrifício e a força está em não ser ele mesmo, mas parte de algo poderoso, glorioso e indestrutível. A fé aqui é principalmente um processo de identificação; o processo pelo qual o indivíduo deixa de ser ele mesmo e se torna parte de algo eterno. A fé na humanidade, na posteridade, no destino de sua religião, nação, raça, partido ou família – o que é isso senão a visualização desse algo eterno ao qual vinculamos o eu que está prestes a ser aniquilado?

É um tanto aterrorizante perceber que os líderes totalitários de nossos dias, ao reconhecerem essa fonte de coragem desesperada, fizeram uso dela não apenas para fortalecer o espírito de seus seguidores, mas também para quebrar o espírito de seus oponentes. Em seus expurgos dos antigos líderes bolcheviques, Stalin conseguiu transformar homens orgulhosos e corajosos em covardes encolhidos, privando-os de qualquer possibilidade de identificação com o partido ao qual serviram durante toda a vida e com as massas russas. Esses velhos bolcheviques há muito tempo haviam se isolado da humanidade fora da Rússia. Eles tinham um desprezo sem limites pelo passado e pela história que ainda poderia ser feita pela humanidade capitalista. Eles haviam renunciado a Deus. Para eles, não havia passado nem futuro, nem memória nem glória fora dos limites da Rússia sagrada e do partido comunista – e ambos estavam agora total e irrevogavelmente nas mãos de Stalin. Eles se sentiam, nas palavras de Bukharin, "isolados de tudo o que constitui a essência da vida". Assim, eles se confessaram. Ao se humilharem diante da congregação de fiéis, eles romperam seu isolamento. Eles renovaram sua comunhão com o todo eterno, insultando o eu, acusando-o de crimes monstruosos e espetaculares e descartando-o em público.

* * *

Os mesmos russos que se encolhem e rastejam diante da polícia secreta de Stalin demonstraram uma coragem insuperável ao enfrentar – individualmente ou em grupo – os nazistas invasores. A razão para esse comportamento contrastante não é o fato de a polícia de Stalin ser mais implacável do que os exércitos de Hitler, mas o fato de que, ao enfrentar a polícia de Stalin, o russo se sente um mero indivíduo, enquanto, ao enfrentar os alemães, ele se vê como membro de uma raça poderosa, possuidora de um passado glorioso e de um futuro ainda mais glorioso.

Da mesma forma, no caso dos judeus, seu comportamento na Palestina não poderia ter sido previsto com base em seu comportamento na Europa. As autoridades coloniais britânicas na Palestina seguiram uma política sólida em termos de lógica, mas sem discernimento. Eles pensaram que, como Hitler havia conseguido exterminar seis milhões de judeus sem encontrar resistência séria, não deveria ser muito difícil lidar com os 600 mil judeus na Palestina. No entanto, eles descobriram que os judeus da Palestina, embora recém-chegados, eram um inimigo formidável: imprudente, teimoso e cheio de recursos. O judeu na Europa enfrentava seus inimigos sozinho, um indivíduo isolado, um grão de vida flutuando em uma eternidade de nada. Na Palestina, ele se sentia não um átomo humano, mas um membro de uma raça eterna, com um passado imemorável atrás de si e um futuro de tirar o fôlego à frente.

46

Os teóricos do Kremlin provavelmente estão cientes de que, para manter a submissão das massas russas, não deve haver a menor chance de identificação com qualquer corpo coletivo fora da Rússia. O objetivo da Cortina de Ferro talvez seja mais impedir que o povo russo se aproxime – mesmo em pensamento – de um mundo exterior do que impedir a infiltração de espiões e sabotadores. A cortina é tanto física quanto psicológica. A eliminação completa de qualquer chance de emigração – até mesmo de cidadãos russos casados com estrangeiros – obscurece a consciência da humanidade externa nas mentes russas. É como se fosse possível sonhar e ter esperança de escapar para outro planeta. A barreira psicológica é igualmente importante: a propaganda descarada do Kremlin se esforça para impressionar os russos com o fato de que não há nada digno e eterno, nada que mereça admiração e reverência, nada com o qual valha a pena se identificar, fora dos limites da santa Rússia.

FAZ DE CONTA

47

Morrer e matar parecem coisas fáceis quando fazem parte de um ritual, de uma cerimônia, de uma performance dramática ou de um jogo. É necessário algum tipo de faz de conta para enfrentar a morte sem hesitação. Para nosso eu real e exposto, não há nada na Terra ou no Céu pelo qual valha a pena morrer. É somente quando nos vemos como atores em uma performance encenada (e, portanto, irreal) que a morte perde seu medo e finalidade e se torna um ato de faz de conta e um gesto teatral. Uma das principais tarefas de um verdadeiro líder é mascarar a realidade sombria de morrer e matar, evocando em seus seguidores a ilusão de que estão participando de um espetáculo grandioso, uma apresentação dramática solene ou leve.

Hitler vestiu oitenta milhões de alemães com fantasias e os fez atuar em uma ópera grandiosa, heroica e sangrenta. Na Rússia, onde até mesmo a construção de uma latrina envolve algum autossacrifício, a vida tem sido um drama ininterrupto que mexe com a alma há trinta anos, e seu fim ainda não chegou. O povo de Londres agiu heroicamente sob uma saraivada de bombas porque Churchill os colocou no papel de heróis. Eles desempenharam seu papel heroico diante de um vasto público – antepassados, contemporâneos e a posteridade –, em um palco iluminado por uma cidade mundial em chamas e ao som de armas estourando e bombas gritando. É duvidoso que em nosso mundo contemporâneo, com sua diferenciação individual generalizada, qualquer medida de autossacrifício geral possa ser realizada sem fogos de artifício e truques teatrais. É difícil ver, portanto, como o atual governo trabalhista da Inglaterra pode realizar seu programa de socialização, que exige alguma medida de autossacrifício de cada britânico, no cenário incolor e pouco dramático da Grã-Bretanha socialista. A falta de teatralidade da maioria dos líderes socialistas britânicos é uma marca de retidão e integridade intelectual, mas prejudica o experimento de nacionalização que é, sem dúvida, o objetivo central de suas vidas.[1]

***

A indispensabilidade da encenação na atividade sombria de morrer e matar é particularmente evidente no caso dos exércitos. Seus uniformes, bandeiras, emblemas, desfiles, música, etiqueta e rituais elaborados são projetados para separar o soldado de seu eu de carne e osso e mascarar a realidade esmagadora da vida e da morte. Falamos do teatro de guerra e das cenas de batalha. Em suas ordens de batalha, os líderes do exército invariavelmente lembram a seus soldados que os olhos do mundo estão voltados para eles, que seus ancestrais os observam e que a posteridade ouvirá falar deles. O grande general sabe como atrair um público das areias do deserto e das ondas do oceano.

A glória é, em grande parte, um conceito teatral. Não há como lutar por ela sem uma consciência vívida de uma plateia – o conhecimento de que nossos feitos poderosos chegarão aos ouvidos de nossos contemporâneos ou "daqueles que estão por vir". Estamos prontos para sacrificar nosso eu verdadeiro e transitório pelo eu imaginário eterno que estamos construindo, por meio de nossos atos heroicos, na opinião e na imaginação dos outros.

Na prática dos movimentos de massa, o faz de conta talvez desempenhe um papel mais duradouro do que qualquer outro fator. Quando a fé e o poder de persuadir ou coagir desaparecem, o faz de conta permanece. Não há dúvida de que, ao encenar suas procissões, desfiles, rituais e cerimônias, um movimento de massa desperta algo profundo em cada coração. Até mesmo as pessoas mais sóbrias se deixam levar pela visão de um impressionante espetáculo de massa. Tanto os participantes quanto os espectadores se sentem entusiasmados e se emocionam. É possível que os frustrados sejam mais sensíveis ao poder e ao esplendor da massa do que as pessoas que são autossuficientes. O desejo de escapar ou camuflar seus eus insatisfatórios desenvolve nos frustrados uma facilidade para fingir – para fazer um show – e também uma prontidão para se identificar totalmente com um espetáculo de massa imponente.

DEPRECIAÇÃO DO PRESENTE

48

Em seu início, um movimento de massa parece defender o presente contra o passado. Ele vê nas instituições e privilégios estabelecidos uma invasão de um passado senil e vil em um presente virginal. No entanto, para se livrar do domínio do passado, é necessário que haja máxima unidade e abnegação ilimitada. Isso significa que as pessoas chamadas a atacar o passado para liberar o presente devem estar dispostas a abrir mão, com entusiasmo, de qualquer chance de saborear ou herdar o presente. O absurdo dessa proposição é óbvio. Daí a inevitável mudança de ênfase quando o movimento começa a se desenvolver. O presente – o objetivo original – é empurrado para fora do palco e seu lugar é ocupado pela posteridade – o futuro. Mais ainda: o presente é afastado como se fosse uma coisa impura e misturado ao detestado passado. A linha de batalha agora é traçada entre as coisas que são e foram e as coisas que ainda não são.

Perder a vida é apenas perder o presente; e, claramente, perder um presente contaminado e sem valor não é perder muito.

* * *

Um movimento de massa não apenas descreve o presente como ruim e miserável – ele o torna assim deliberadamente. Ele modela um padrão de existência individual que é sombrio, duro, repressivo e monótono. Ele condena os prazeres e confortos e exalta a vida rigorosa. Ele vê o prazer comum como trivial ou até mesmo desacreditável e representa a busca da felicidade pessoal como imoral. Divertir-se é ter que lidar com o inimigo – o presente. O principal objetivo do ideal ascético pregado pela maioria dos movimentos é gerar desprezo pelo presente. A campanha contra os desejos é um esforço para soltar os tentáculos tenazes que se agarram ao presente. O fato de essa vida individual sem alegria seguir seu curso em um cenário colorido e dramático de ostentação coletiva serve para acentuar sua inutilidade.

A própria impraticabilidade de muitas das metas que um movimento de massa estabelece para si mesmo faz parte da campanha contra o presente. Tudo o que é praticável, viável e possível faz parte do presente. Oferecer algo praticável seria aumentar a promessa do presente e nos reconciliar com ele. A fé em milagres também implica uma rejeição e um desafio ao presente. Quando Tertuliano proclamou: "E Ele foi sepultado e ressuscitou; isso é certo porque é impossível", ele estava estalando os dedos contra o presente. Por fim, o misticismo de um movimento também é um meio de depreciar o presente. Ele vê o presente como o reflexo desbotado e distorcido de um vasto desconhecido que vibra embaixo e além de nós. O presente é uma sombra e uma ilusão.

49

Não pode haver depredação genuína do presente sem a esperança segura de um futuro melhor. Pois, por mais que lamentemos a baixeza de nossos tempos, se a perspectiva oferecida pelo futuro for a de uma deterioração avançada ou mesmo uma continuação inalterada do presente, somos inevitavelmente levados a nos reconciliar com nossa existência – por mais difícil e mesquinha que seja.

Todos os movimentos de massa depreciam o presente, retratando-o como uma preliminar mesquinha para um futuro glorioso; um mero capacho no limiar do milênio. Para um movimento religioso, o presente é um lugar de exílio, um vale de lágrimas que leva ao reino celestial; para uma revolução social, é uma estação de passagem mesquinha na estrada para a utopia; para um movimento nacionalista, é um episódio ignóbil que precede o triunfo final.

É verdade, é claro, que a esperança liberada por uma visualização vívida de um futuro glorioso é uma fonte muito potente de ousadia e esquecimento de si mesmo – mais potente do que a depreciação implícita do presente. Um movimento de massa precisa centralizar o coração e a mente de seus seguidores no futuro, mesmo quando não está envolvido em uma luta de vida ou morte contra instituições e privilégios estabelecidos. O sacrifício pessoal envolvido no compartilhamento mútuo e na ação cooperativa é impossível sem esperança. Quando o dia de hoje é tudo o que existe, agarramos tudo o que podemos e nos mantemos firmes. Estamos flutuando em um oceano de nada e nos agarramos a qualquer pedaço miserável de destroços como se fosse a árvore da vida. Em contrapartida, quando tudo está à frente e ainda por vir, achamos fácil compartilhar tudo o que temos e renunciar às vantagens que estão ao nosso alcance. O comportamento dos membros do grupo Donner quando estavam animados pela esperança e, mais tarde, quando a esperança se foi ilustra a dependência da cooperação e do espírito comunitário em relação à esperança. Aqueles que não têm esperança são divididos e levados a buscar desesperadamente a si mesmos. O sofrimento comum, por si só, quando não está associado à esperança, não une nem evoca a generosidade mútua. Os hebreus escravizados no Egito, "cujas vidas se tornaram amargas com a dura escravidão", eram briguentos e mentirosos. Moisés teve de lhes dar a esperança de uma terra prometida antes de poder reuni-los. As trinta mil pessoas sem esperança no campo de concentração de Buchenwald não desenvolveram nenhuma forma de ação unida, nem manifestaram nenhuma disposição para o autossacrifício. Havia mais ganância e egoísmo impiedoso ali do que na mais gananciosa e corrupta das sociedades livres. "Em vez de estudar a melhor maneira de se ajudarem, eles usaram toda a sua engenhosidade para dominar e oprimir uns aos outros."[2]

50

A glorificação do passado pode servir como um meio de menosprezar o presente. Mas, a menos que seja acompanhada de expectativas otimistas em relação ao futuro, uma visão exagerada do passado resulta em uma atitude de cautela e não nos esforços imprudentes de um movimento de massa. Em compensação, não há redução mais potente do presente do que o ver como um mero elo entre um passado glorioso e um futuro glorioso. Assim, embora um movimento de massa a princípio dê as costas ao passado, ele acaba desenvolvendo uma consciência vívida, muitas vezes ilusória, de um passado glorioso distante. Os movimentos religiosos voltam ao dia da criação; as revoluções sociais falam de uma era de ouro em que os homens eram livres, iguais e independentes; os movimentos nacionalistas revivem ou inventam lembranças de grandezas passadas. Essa preocupação com o passado decorre não apenas do desejo de demonstrar a legitimidade do movimento e a ilegitimidade da velha ordem, mas também de mostrar o presente como um mero interlúdio entre o passado e o futuro.[3]

Uma consciência histórica também transmite um senso de continuidade. Com uma visão vívida do passado e do futuro, o fanático se vê como parte de algo que se estende infinitamente para trás e para a frente – algo eterno. Ele pode abrir mão do presente (e de sua própria vida) não apenas porque é algo pobre, ao qual não vale a pena se apegar, mas também porque não é o começo e o fim de todas as coisas. Além disso, uma consciência vívida do passado e do futuro rouba a realidade do presente. Ela faz com que o presente pareça uma seção de uma procissão ou desfile. Os seguidores de um movimento de massa se veem na marcha com o rufar de tambores e a vividez das cores. Eles são participantes de um drama emocionante apresentado a um vasto público – gerações passadas e gerações futuras. Eles são levados a sentir que não são o seu verdadeiro eu, mas atores desempenhando um papel, e que seus atos são uma "performance", em vez de serem a coisa real. A morte também é vista por eles como um gesto, um ato de faz de conta.

51

Uma atitude depreciativa em relação ao presente promove a capacidade de fazer prognósticos. Os bem ajustados são péssimos profetas. Já aqueles que estão em guerra com o presente veem com facilidade as sementes da mudança e as potencialidades dos pequenos começos.

Uma existência agradável nos cega para as possibilidades de mudanças drásticas. Nós nos apegamos ao que chamamos de nosso senso comum, nosso ponto de vista prático. Na verdade, esses são apenas nomes para uma familiaridade envolvente com as coisas como elas são. A tangibilidade de uma existência agradável e segura é tal que faz com que outras realidades, por mais iminentes que sejam, pareçam vagas e visionárias. Assim, acontece que, quando os tempos se tornam instáveis, são as pessoas práticas que são pegas desprevenidas e são vistas como visionárias que se apegam a coisas que não existem.

Em contrapartida, aqueles que rejeitam o presente e fixam seus olhos e corações nas coisas que estão por vir têm a faculdade de detectar o embrião do perigo ou da vantagem futura na maturidade de seu tempo. Portanto, o indivíduo frustrado e o fanático são melhores prognosticadores do que aqueles que têm motivos para desejar a preservação do *status quo*. "Muitas vezes são os fanáticos, e nem sempre os espíritos delicados, que são encontrados agarrando o fio certo das soluções exigidas pelo futuro."[4]

52

É interessante comparar aqui as atitudes em relação ao presente, ao futuro e ao passado demonstradas pelo conservador, pelo liberal, pelo cético, pelo radical e pelo reacionário.

O conservador duvida que o momento atual possa ser melhorado e tenta moldar o futuro à imagem do presente. Ele vai ao passado em busca de garantias sobre o presente: "Eu queria o senso de continuidade, a certeza de que nossos erros contemporâneos eram endêmicos na natureza humana, que nossos novos modismos eram heresias muito antigas, que as coisas amadas que estavam sob ameaça não tinham sido abaladas com menos força no passado".[5] De fato, como o cético é parecido com o conservador! "De vez em quando, alguém diz: 'Isto é novidade!'. O fato, porém, é que nada é realmente novo."[6] Para o cético, o presente é a soma de tudo o que foi e será. "A história simplesmente se repete. O que foi feito antes será feito outra vez. Nada debaixo do sol é realmente novo."[7] O liberal vê o presente como a legítima descendência do passado e como algo em constante crescimento e desenvolvimento rumo a um futuro melhor: danificar o presente é mutilar o futuro. Todos os três, portanto, valorizam o presente e, como seria de se esperar, não aceitam de bom grado a ideia de autossacrifício. Sua atitude em relação ao autossacrifício é expressa de melhor modo pelo cético: "Melhor ser um cão vivo que um leão morto. Os vivos pelo menos sabem que vão morrer, mas os mortos nada sabem. Já não participam de coisa alguma que acontece debaixo do sol".[8]

O radical e o reacionário detestam o presente. Eles o veem como uma aberração e uma deformidade. Ambos estão prontos para agir de forma implacável e imprudente com o presente, e ambos são receptivos à ideia de autossacrifício. Em que eles diferem? Principalmente em sua visão da maleabilidade da natureza do homem. O radical tem uma fé apaixonada na perfectibilidade infinita da natureza humana. Ele acredita que, ao mudar o ambiente do homem e ao aperfeiçoar uma técnica de formação da alma, é possível criar uma sociedade totalmente nova e sem precedentes. O reacionário não acredita que o homem tenha em si potencialidades insondáveis para o bem. Se uma sociedade estável e saudável deve ser estabelecida, ela deve ser padronizada de acordo com os modelos comprovados do passado. Ele vê o futuro como uma restauração gloriosa em vez de uma inovação sem precedentes.

Na realidade, a linha divisória entre radical e reacionário nem sempre é distinta. O reacionário manifesta radicalismo quando tenta recriar seu passado ideal. Sua imagem do passado se baseia menos no que ele realmente foi do que no que ele quer que o futuro seja. Ele inova mais do que reconstrói. Uma mudança semelhante ocorre no caso do radical quando ele começa a construir seu novo mundo. Ele sente a necessidade de orientação prática e, como rejeitou e destruiu o presente, é obrigado a vincular o novo mundo a algum ponto do passado. Se ele tiver de empregar violência para moldar o novo, sua visão da natureza do homem se torna mais sombria e se aproxima da visão do reacionário.

A mistura entre o reacionário e o radical é particularmente evidente naqueles que se dedicam a um renascimento nacionalista. Os seguidores de Gandhi, na Índia, e os sionistas, na Palestina, reviveriam um passado glorificado e, ao mesmo tempo, criariam uma utopia sem precedentes. Os profetas também eram uma mistura de reacionário e radical. Eles pregavam um retorno à fé antiga e previam um novo mundo e uma nova vida.

53

É óbvio que a atitude depreciativa de um movimento de massa em relação ao presente é o segundo passo das inclinações dos frustrados. O que surpreende, quando se ouve os frustrados criticando o presente e todas as suas obras, é a enorme alegria que eles sentem ao fazer isso. Esse prazer não pode vir do mero desabafo de uma queixa. Deve haver algo mais – e há. Ao discorrer sobre a baixeza e a vileza incuráveis da época, os frustrados suavizam seu sentimento de fracasso e isolamento. É como se dissessem: “Não apenas nós mesmos, mas a vida de todos os nossos contemporâneos, mesmo os mais felizes e bem-sucedidos, é inútil e desperdiçada". Assim, ao depreciar o presente, eles adquirem um vago senso de igualdade.

Os meios, também, que um movimento de massa usa para tornar o presente intragável (Seção 48) atingem um acorde de resposta nos frustrados. O autodomínio necessário para superar seus anseios lhes dá uma ilusão de força. Eles sentem que, ao dominarem a si mesmos, dominaram o mundo. A defesa do impraticável e do impossível pelo movimento de massa também está de acordo com o gosto deles. Aqueles que fracassam nos assuntos cotidianos mostram uma tendência a buscar o impossível. É um artifício para camuflar suas deficiências. Pois quando fracassamos na tentativa do possível, a culpa é exclusivamente nossa; mas quando fracassamos na tentativa do impossível, temos a justificativa de atribuí-la à magnitude da tarefa. Há menos risco de ser desacreditado ao tentar o impossível do que ao tentar o possível. É por isso que o fracasso nos assuntos cotidianos geralmente gera uma audácia extravagante.

Tem-se a impressão de que os frustrados obtêm tanta satisfação – senão mais – dos meios que um movimento de massa usa quanto dos fins que ele defende. O prazer dos frustrados com o caos e com a queda dos afortunados e prósperos não vem de uma consciência extasiada de que estão limpando o terreno para a cidade celestial. Em seu grito fanático de "tudo ou nada", a segunda alternativa ecoa talvez um desejo mais ardente do que a primeira.

"COISAS QUE NÃO SÃO"

54

Uma das regras que emerge de uma consideração dos fatores que promovem o autossacrifício é que estamos menos dispostos a morrer pelo que temos ou somos do que pelo que desejamos ter e ser. É uma verdade desconcertante e desagradável que, quando os homens já têm "algo pelo qual vale a pena lutar", eles não sentem vontade de lutar. As pessoas que vivem vidas plenas e valiosas geralmente não estão prontas para morrer por seus próprios interesses, nem por seu país, nem por uma causa sagrada.[9] O desejo, o não ter, é a mãe de uma doação imprudente de si mesmo.

As "coisas que não são" são de fato mais poderosas do que as "coisas que são".[10] Em todas as épocas, os homens lutaram desesperadamente por belas cidades que ainda não haviam sido construídas e por jardins que ainda não haviam sido plantados. Satanás não divagou para contar tudo o que sabia quando disse: "Um homem dará tudo que tem para salvar a própria vida".[11] Tudo o que ele tem, sim. Mas ele prefere morrer a ceder algo que ainda não tem.

É estranho, por um lado, que aqueles que abraçam o presente e se agarram a ele com todas as suas forças sejam os menos capazes de defendê-lo. E que, por outro lado, aqueles que desprezam o presente e lavam as mãos recebam todos os seus benefícios e tesouros sem pedir.

Sonhos, visões e grandes esperanças são armas poderosas e ferramentas realistas. A mentalidade prática de um verdadeiro líder consiste em reconhecer o valor prático dessas ferramentas. No entanto, esse reconhecimento geralmente decorre de um desprezo pelo presente que pode ser atribuído a uma inépcia natural em assuntos práticos. O homem de negócios bem-sucedido geralmente fracassa como líder comunitário porque sua mente está sintonizada com as "coisas que são" e seu coração está voltado para o que pode ser realizado em "nosso tempo". O fracasso na administração de assuntos práticos parece ser uma qualificação para o sucesso na administração de assuntos públicos. E talvez seja uma sorte o fato de que algumas naturezas orgulhosas, ao sofrerem derrotas no mundo prático, não se sintam esmagadas, mas sejam repentinamente estimuladas pela convicção aparentemente absurda de que são eminentemente competentes para dirigir os destinos da comunidade e da nação.

55

Não é de todo absurdo que as pessoas estejam prontas para morrer por um emblema, uma bandeira, uma palavra, uma opinião, um mito e assim por diante. Pelo contrário, é a coisa menos razoável dar a vida por algo que vale a pena ter. Pois, sem dúvida, a vida de uma pessoa é a mais real de todas as coisas reais e, sem ela, não pode haver nada que valha a pena ter. O autossacrifício não pode ser uma manifestação de interesse próprio tangível. Mesmo quando estamos dispostos a morrer para não sermos mortos, o impulso de lutar não se origina tanto do interesse próprio quanto de fatores intangíveis, como tradição, honra (uma palavra) e, acima de tudo, esperança. Quando não há esperança, as pessoas fogem ou se deixam matar sem lutar. Elas irão se agarrar à vida como se estivessem atordoadas. De que outra forma explicar o fato de que milhões de europeus se permitiram ser levados a campos de aniquilação e câmaras de gás, sabendo, sem sombra de dúvida, que estavam sendo levados à morte? Não era o menor dos poderes formidáveis de Hitler o fato de ele saber como privar seus oponentes (pelo menos na Europa continental) de toda esperança. Sua convicção fanática de que estava construindo uma nova ordem que duraria mil anos se comunicava tanto com os seguidores quanto com os antagonistas. Para os primeiros, dava a sensação de que, ao lutar pelo

Terceiro Reich, eles estavam se aliando à eternidade, enquanto os últimos sentiam que lutar contra a nova ordem de Hitler era desafiar o destino inexorável.

É interessante o fato de que os judeus que se submeteram ao extermínio na Europa de Hitler lutaram de forma imprudente quando foram transferidos para a Palestina. E, embora se diga que eles lutaram na Palestina porque não tinham escolha – tinham que lutar ou ter suas gargantas cortadas pelos árabes –, ainda é verdade que sua ousadia e disposição imprudente para o autossacrifício não surgiram do desespero, mas de sua preocupação fervorosa com o renascimento de uma terra antiga e de um povo antigo. Eles, de fato, lutaram e morreram por cidades que ainda não haviam sido construídas e jardins que ainda não haviam sido plantados.

DOUTRINA

56

A disposição para o autossacrifício depende de uma impermeabilidade às realidades da vida. Aquele que é livre para tirar conclusões de sua experiência e observação individuais geralmente não é receptivo à ideia de martírio. Pois o autossacrifício é um ato irracional. Ele não pode ser o produto final de um processo de sondagem e deliberação. Todos os movimentos de massa ativos se esforçam, portanto, para interpor uma barreira à prova de fatos entre os fiéis e as realidades do mundo. Eles fazem isso afirmando que a verdade última e absoluta já está incorporada em sua doutrina e que não há verdade nem certeza fora dela. Os fatos sobre os quais o fanático baseia suas conclusões não devem ser derivados de sua experiência ou observação, mas das

Escrituras Sagradas. "Devemos nos apegar tão tenazmente ao mundo revelado pelo Evangelho que, se eu visse todos os anjos do céu vindo até mim para me dizer algo diferente, não apenas não me sentiria tentado a duvidar de uma única sílaba, mas fecharia os olhos e taparia os ouvidos, pois eles não mereceriam ser vistos nem ouvidos."[12] Confiar na evidência dos sentidos e da razão é heresia e traição. É surpreendente perceber o quanto a descrença é necessária para tornar a crença possível. O que conhecemos como fé cega é sustentado por inúmeras descrenças. Os japoneses fanáticos no Brasil se recusaram a acreditar durante anos na evidência da derrota do Japão. O comunista fanático se recusa a acreditar em qualquer relatório ou evidência desfavorável sobre a Rússia e não se desiludirá ao ver com seus próprios olhos a cruel miséria dentro da terra prometida soviética.

A fonte da inigualável fortaleza e constância do fanático é sua capacidade de "fechar os olhos e tapar os ouvidos" para fatos que não merecem ser vistos ou ouvidos. Ele não pode se assustar com o perigo, nem se desanimar com os obstáculos, nem se confundir com as contradições, porque nega a existência disso tudo. A força da fé, como Bergson observou, manifesta-se não em mover montanhas, mas em não ver montanhas para mover.[13] E é a certeza de sua doutrina infalível que torna o fanático impermeável às incertezas, às surpresas e às realidades desagradáveis do mundo ao seu redor.

Assim, a eficácia de uma doutrina não deve ser julgada por sua profundidade, sublimidade ou validade das verdades que incorpora, mas por quão completamente ela isola o indivíduo de si mesmo e do mundo como ele é. O que Pascal disse sobre uma religião eficaz é verdadeiro para qualquer doutrina eficaz: ela deve ser "contrária à natureza, ao bom senso e ao prazer".[14]

57

A eficácia de uma doutrina não vem de seu significado, mas de sua certeza. Nenhuma doutrina, por mais profunda e sublime que seja, será eficaz a menos que seja apresentada como a personificação da única verdade. Deve ser a única palavra a partir da qual todas as coisas são e todas as coisas falam.[15] Absurdos grosseiros, tolices triviais e verdades sublimes são igualmente potentes para preparar as pessoas para o autossacrifício se forem aceitas como a única e eterna verdade.

Portanto, é óbvio que, para ser eficaz, uma doutrina não precisa ser compreendida, mas deve ser acreditada. Só podemos ter certeza absoluta sobre coisas que não entendemos. Uma doutrina que é compreendida perde sua força. Quando entendemos uma coisa, é como se ela tivesse se originado em nós. E, claramente, aqueles a quem se pede que renunciem ao eu e o sacrifiquem não podem ver a certeza eterna em nada que se origine desse eu. O fato de entenderem uma coisa prejudica totalmente sua validade e certeza aos seus olhos.

Os devotos são sempre incentivados a buscar a verdade absoluta com o coração e não com a mente. "É o coração que tem consciência de Deus, não a razão."[16] Rudolph Hess, ao dar posse a todo o partido nazista em 1934, exortou seus ouvintes: "Não procurem Adolph Hitler com seus cérebros; todos vocês o encontrarão com a força de seus corações".[17] Quando um movimento começa a racionalizar sua doutrina e torná-la inteligível, é um sinal de que seu período dinâmico acabou; que ele está interessado principalmente na estabilidade. Pois, como será mostrado mais tarde (Seção 106), a estabilidade de um regime exige a lealdade dos intelectuais, e é para conquistá-los, e não para promover o autossacrifício nas massas, que uma doutrina se torna inteligível.

Se uma doutrina não for ininteligível, terá de ser vaga; e se não for ininteligível nem vaga, terá de ser inverificável. É preciso chegar ao céu ou a um futuro distante para determinar a veracidade de uma doutrina eficaz. Quando alguma parte de uma doutrina é relativamente simples, há uma tendência entre os fiéis de complicá-la e obscurecê-la. Palavras simples tornam-se carregadas de significado e parecem símbolos em uma mensagem secreta. Há, portanto, um ar analfabeto no fanático mais letrado. Ele parece usar as palavras como se ignorasse seu verdadeiro significado. Daí, também, seu gosto por discussões, picuinhas e tortuosidades escolásticas.

58

Estar de posse de uma verdade absoluta é ter uma rede de familiaridade espalhada por toda a eternidade. Não há surpresas nem incógnitas. Todas as perguntas já foram respondidas, todas as decisões tomadas, todas as eventualidades previstas. O fanático não tem dúvidas ou hesitações. "Quem conhece Jesus sabe a razão de todas as coisas."[18] A verdadeira doutrina é a chave-mestra para todos os problemas do mundo. Com ela, o mundo pode ser desmontado e remontado. A história oficial do partido comunista afirma: "O poder da teoria marxista-leninista reside no fato de que ela permite que o partido encontre a orientação correta em qualquer situação, compreenda a conexão interna dos eventos atuais, preveja seu curso e perceba não apenas como e em que direção eles estão se desenvolvendo no presente, mas como e em que direção eles estão fadados a se desenvolver no futuro".[19] O fanático se sente encorajado a tentar o impossível e o sem precedentes não apenas porque sua doutrina lhe dá um senso de onipotência, mas também porque lhe dá confiança irrestrita no futuro. (Consulte a Seção 4.)

Um movimento de massa ativo rejeita o presente e concentra seu interesse no futuro. É dessa atitude que deriva sua força, pois ele pode agir de forma imprudente com o presente – com a saúde, a riqueza e a vida de seus seguidores. Mas ele deve agir como se já tivesse lido o livro do futuro até a última palavra. Sua doutrina é proclamada como uma chave para esse livro.

59

Os frustrados são mais facilmente doutrinados do que os não frustrados? Eles são mais crédulos? Pascal era da opinião de que "era possível entender a escrita sagrada quando se odiava a si mesmo".[20] Aparentemente, há alguma conexão entre a insatisfação consigo mesmo e a tendência à credulidade. O desejo de escapar de nosso verdadeiro eu também é um desejo de escapar do racional e do óbvio. A recusa em nos vermos como somos desenvolve uma aversão aos fatos e à lógica racional. Não há esperança para os frustrados no real e no possível. A salvação só pode vir para eles por meio do milagroso, que se infiltra por uma fenda na parede de ferro da realidade inexorável. Eles pedem para ser enganados. O que Stresemann disse sobre os alemães é verdadeiro para os frustrados em geral: "[Eles] rezam não apenas pelo pão de cada dia, mas também por sua ilusão diária".[21] A regra parece ser que aqueles que não encontram dificuldade em enganar a si mesmos são facilmente enganados pelos outros. Eles são facilmente persuadidos e conduzidos.

Um aspecto peculiar da credulidade é o fato de ela estar frequentemente associada a uma tendência à fraude. A associação entre acreditar e mentir não é característica apenas das crianças. A incapacidade ou falta de vontade de ver as coisas como elas são promove tanto a credulidade quanto o charlatanismo.

FANATICISMO

60

Foi sugerido na Seção 1 que os movimentos de massa são frequentemente necessários para a realização de mudanças drásticas e abruptas. Parece estranho que mesmo mudanças práticas e desejáveis, como a renovação de sociedades estagnadas, exijam para sua realização uma atmosfera de intensa paixão e tenham de ser acompanhadas por todas as falhas e loucuras de um movimento de massa ativo. A surpresa diminui quando percebemos que a principal preocupação de um movimento de massa ativo é instilar em seus seguidores a facilidade para a ação unida e o autossacrifício, e que ele alcança essa facilidade ao despojar cada entidade humana de sua distinção e autonomia, transformando-a em uma partícula anônima sem vontade e sem julgamento próprio. O resultado não é apenas um seguidor unido e destemido, mas também uma massa plástica homogênea que pode ser modelada à vontade. A plasticidade humana necessária para a realização de mudanças drásticas e abruptas parece, portanto, ser um subproduto do processo de unificação e da inculcação de uma disposição para o autossacrifício.

O ponto importante é que o distanciamento do eu, que é uma condição prévia tanto para a plasticidade quanto para a conversão, quase sempre ocorre em uma atmosfera de intensa paixão. Pois a agitação da paixão não é apenas um meio eficaz de perturbar um equilíbrio estabelecido entre um homem e seu eu, mas é também o subproduto inevitável dessa perturbação. A paixão é liberada mesmo quando o distanciamento do eu é provocado pelos meios menos emocionais. Somente o indivíduo que se reconciliou com seu eu pode ter uma atitude desapaixonada em relação ao mundo. Quando a harmonia com o eu é perturbada e o homem é impelido a rejeitar, renunciar, desconfiar ou esquecer seu eu, ele se transforma em uma entidade altamente reativa. Como um radical químico instável, ele anseia por se combinar com tudo o que estiver ao seu alcance. Ele não consegue se manter à parte, equilibrado e autossuficiente, mas precisa se apegar de todo o coração a um lado ou a outro.

Ao acender e estimular paixões violentas no coração de seus seguidores, os movimentos de massa impedem o estabelecimento de um equilíbrio interno. Eles também empregam meios diretos para efetuar um distanciamento duradouro do eu. Eles retratam uma existência autônoma e autossuficiente não apenas como estéril e sem sentido, mas também como depravada e má. O homem, por si só, é uma criatura indefesa, miserável e pecadora. Sua única salvação está em rejeitar a si mesmo e encontrar uma nova vida no seio de um corpo corporativo sagrado – seja uma igreja, uma nação ou um partido. Por sua vez, essa difamação do eu mantém a paixão em alta.

61

O fanático é perpetuamente incompleto e inseguro. Ele não consegue gerar autoconfiança de seus recursos individuais, de seu eu rejeitado, mas só a encontra agarrando-se apaixonadamente a qualquer apoio que por acaso abrace. Esse apego apaixonado é a essência de sua devoção cega e religiosidade, e ele vê nisso a fonte de toda virtude e força. Embora sua dedicação obstinada seja uma luta pela própria vida, ele facilmente se vê como apoiador e defensor da causa sagrada à qual se apega. E está pronto para sacrificar sua vida para demonstrar a si mesmo e aos outros que esse é de fato o seu papel. Ele sacrifica sua vida para provar seu valor.

Não é preciso dizer que o fanático está convencido de que a causa à qual ele se apega é monolítica e eterna – uma rocha perene. Ainda assim, sua sensação de segurança é derivada de seu apego apaixonado e não da excelência de sua causa. O fanático não é realmente um defensor de princípios. Ele abraça uma causa não principalmente em razão de sua justiça e santidade, mas por sua necessidade desesperada de ter algo a que se agarrar. Muitas vezes, de fato, é sua necessidade de apego apaixonado que transforma cada causa que ele abraça em uma causa sagrada.

O fanático não pode ser afastado de sua causa por meio de um apelo à sua razão ou senso moral. Ele teme o comprometimento e não pode ser persuadido a qualificar a certeza e a retidão de sua causa sagrada. Mas ele não encontra dificuldade em mudar repentina e descontroladamente de uma causa santa para outra. Ele não pode ser convencido, apenas convertido. Seu apego apaixonado é mais vital do que a qualidade da causa à qual ele está ligado.

62

Embora pareçam estar em polos opostos, fanáticos de todos os tipos estão, na verdade, amontoados em uma extremidade. Os fanáticos e os moderados estão em polos opostos e nunca se encontram. Os fanáticos de vários matizes se olham com desconfiança e estão prontos para atacar uns aos outros. Mas eles são vizinhos e quase da mesma família. Eles se odeiam com o ódio de irmãos. Estão tão distantes e tão próximos quanto Saulo e Paulo. E é mais fácil para um comunista fanático se converter ao fascismo, ao chauvinismo ou ao catolicismo do que se tornar um liberal sério.[22]

O oposto do fanático religioso não é o ateu fanático, mas o cínico gentil que não se importa se Deus existe ou não. O ateu é uma pessoa religiosa. Ele acredita no ateísmo como se fosse uma nova religião.[23] Ele é ateu com devoção e unção. De acordo com Renan, "No dia seguinte àquele em que o mundo não mais acreditasse em Deus, os ateus seriam os mais miseráveis de todos os homens".[24] Assim, também, o oposto do chauvinista não é o traidor, mas o cidadão sensato que está apaixonado pelo presente e não tem gosto pelo martírio e pelo gesto heroico. O traidor geralmente é um fanático – radical ou reacionário – que se entrega ao inimigo para apressar a queda de um mundo que ele detesta. A maioria dos traidores na Segunda Guerra Mundial veio da extrema direita. "Parece haver uma linha tênue entre o nacionalismo violento e extremo e a traição."[25]

O parentesco entre o reacionário e o radical foi tratado na Seção 52. Todos nós que vivemos a década de Hitler sabemos que o reacionário e o radical têm mais em comum do que qualquer um deles tem com o liberal ou o conservador.

63

É duvidoso que o fanático que abandona sua causa sagrada ou que é subitamente deixado sem uma causa possa se ajustar a uma existência individual autônoma. Ele continua sendo um caroneiro sem teto nas estradas do mundo, pegando carona em qualquer causa eterna que passe por ele. Uma existência individual, mesmo que tenha um propósito, parece-lhe trivial, fútil e pecaminosa. Viver sem uma dedicação ardente é estar à deriva e abandonado. Ele vê na tolerância um sinal de fraqueza, frivolidade e ignorância. Ele anseia pela profunda segurança que vem com a rendição total – com o apego de todo o coração a um credo e a uma causa. O que importa não é o conteúdo da causa, mas a dedicação total e a comunhão com uma congregação. Ele está pronto para participar de uma cruzada santa até mesmo contra sua antiga causa, mas deve ser uma cruzada genuína – sem concessões, intolerante, proclamando a única verdade.

Assim, os milhões de ex-fanáticos derrotados na Alemanha e no Japão são mais receptivos à pregação do comunismo e do catolicismo militante do que aos ensinamentos do modo de vida democrático. O maior sucesso da propaganda comunista, nesse caso, não se deve à sua técnica superior, mas ao viés peculiar dos alemães e japoneses, outrora fanáticos. Os porta-vozes da democracia não oferecem nenhuma causa sagrada à qual se apegar e nenhum todo corporativo no qual se perder. A Rússia comunista pode facilmente transformar os prisioneiros de guerra japoneses em comunistas fanáticos, enquanto nenhuma propaganda americana, por mais sutil e perfeita que seja, pode transformá-los em democratas amantes da liberdade.

MOVIMENTOS DE MASSA E EXÉRCITOS

64

Neste ponto, antes de deixar o assunto do autossacrifício, é bom dar uma olhada nas semelhanças e diferenças entre os movimentos de massa e os exércitos – um problema que já surgiu nas Seções 35 e 47.

As semelhanças são muitas: tanto os movimentos de massa quanto os exércitos são corpos coletivos; ambos despojam o indivíduo de sua independência e distinção; ambos exigem autossacrifício, obediência inquestionável e lealdade sincera; ambos fazem uso extensivo de crenças falsas para promover ações ousadas e unidas (consulte a Seção 47); e ambos podem servir de refúgio para os frustrados que não suportam uma existência autônoma. Um corpo militar como a Legião Estrangeira atrai muitos dos tipos que normalmente correm para se juntar a um novo movimento. Também é verdade que o oficial de recrutamento, o agitador comunista e o missionário muitas vezes pescam simultaneamente nas fossas de lugares como Skid Row, em Los Angeles.

Mas as diferenças são fundamentais: um exército não vem para atender a uma necessidade de um novo modo de vida; não é um caminho para a salvação. Ele pode ser usado como um bastão na mão de um opressor para impor um novo modo de vida e forçá-lo a ser imposto a quem não quer. Mas o exército é principalmente um instrumento planejado para a preservação ou expansão de uma ordem estabelecida – antiga ou nova. É um instrumento temporário que pode ser montado e desmontado à vontade. O movimento de massa, por sua vez, parece ser um instrumento eterno, e aqueles que se juntam a ele o fazem para toda a vida. O ex-soldado é um veterano, até mesmo um herói; o ex-crente verdadeiro é um renegado. O exército é um instrumento para reforçar, proteger e expandir o presente. O movimento de massa vem para destruir o presente. Sua preocupação é com o futuro, e seu vigor e impulso derivam dessa preocupação. Quando um movimento de massa começa a se preocupar com o presente, isso significa que ele já chegou. Ele deixa então de ser um movimento e se torna uma organização institucionalizada

– uma igreja estabelecida, um governo ou um exército (de soldados ou trabalhadores). O exército popular, que geralmente é o produto final de um movimento de massa, mantém muitas das armadilhas do movimento – palavreado piedoso, slogans, símbolos sagrados; mas, como qualquer outro exército, ele é mantido unido menos pela fé e pelo entusiasmo do que pelo mecanismo impassível de treinamento, espírito de corpo e coerção. Ele logo perde o ascetismo e a unção de uma congregação sagrada e exibe a agitação e o gosto pelas alegrias do presente que são características de todos os exércitos.

Por ser um instrumento do presente, um exército lida principalmente com o possível. Seus líderes não confiam em milagres. Mesmo quando animados por uma fé fervorosa, eles estão abertos a concessões. Eles consideram a possibilidade de derrota e sabem como se render. Por sua vez, o líder de um movimento de massa tem um desprezo avassalador pelo presente – por todos os seus fatos e perplexidades persistentes, até mesmo os da geografia e do clima. Ele confia em milagres. Seu ódio pelo presente (seu niilismo) vem à tona quando a situação se torna desesperadora. Ele destrói seu país e seu povo em vez de se render.

O espírito de autossacrifício em um exército é fomentado pela devoção ao dever, pelo faz de conta, pela moral, pelos exercícios, pela fé em um líder, pela competência, pelo espírito de aventura e pelo desejo de glória. Esses fatores, diferentemente daqueles empregados por um movimento de massa, não surgem de uma depreciação do presente e de uma repulsa a um eu indesejado. Portanto, eles podem se desenvolver em uma atmosfera sóbria. O soldado fanático geralmente é um fanático que se tornou soldado, não o contrário. O espírito de autossacrifício de um exército é expresso de forma mais nobre nas palavras que Sarpedon disse a Glauco quando eles invadiram a muralha grega: "Ó meu amigo, se nós, ao sairmos desta guerra, pudéssemos escapar da idade e da morte, eu não estaria aqui lutando na vanguarda; mas agora, já que muitos são os modos de morte iminentes sobre nós, dos quais nenhum homem pode esperar se esquivar, vamos prosseguir e dar renome a outros, ou ganhá-lo para nós mesmos".[26]

A diferença mais marcante entre os movimentos de massa e os exércitos está em sua atitude em relação à multidão e à ralé. De Tocqueville observa que os soldados são "os homens que perdem a cabeça com mais facilidade e que geralmente se mostram mais fracos em dias de revolução".[27] Para o general típico, a massa é algo em que seu exército se transformaria se desmoronasse. Ele está mais ciente da inconstância da massa e de sua vontade de anarquia do que de sua prontidão para o autossacrifício. Ele a vê como o produto final venenoso de um corpo coletivo em ruínas, não como a matéria-prima de um novo mundo. Sua atitude é uma mistura de medo e desprezo. Ele sabe como suprimir a massa, mas não como conquistá-la. Em contrapartida, o líder do movimento de massa – de Moisés a Hitler – inspira-se no mar de rostos virados para cima, e o rugido da massa é como a voz de Deus em seus ouvidos. Ele vê uma força irresistível ao seu alcance – uma força que só ele pode controlar. E com essa força ele varrerá impérios, exércitos e todos os poderosos presentes. A face da massa é como "a face das profundezas", da qual, como Deus no dia da criação, ele fará surgir um novo mundo.

XIV. AGENTES UNIFICADORES

ÓDIO

65

O ódio é o mais acessível e abrangente de todos os agentes unificadores. Ele afasta o indivíduo de si mesmo, torna-o alheio ao seu bem-estar e futuro, liberta-o de invejas e da busca de si mesmo. Ele se torna uma partícula anônima que estremece com o desejo de se fundir e aglutinar com seu semelhante em uma massa flamejante. Heine sugere que o que o amor cristão não pode fazer é realizado por um ódio comum.[1]

Os movimentos de massa podem surgir e se espalhar sem a crença em um Deus, mas nunca sem a crença em um demônio. Normalmente, a força de um movimento de massa é proporcional à vivacidade e à tangibilidade de seu demônio. Quando perguntaram a Hitler se ele achava que os judeus deveriam ser destruídos, ele respondeu: "Não... Neste caso, teríamos de inventá-los. É essencial ter um inimigo tangível, não apenas um inimigo abstrato".[2] F. A. Voigt conta sobre uma missão japonesa que chegou a Berlim em 1932 para estudar o movimento nacional-socialista. Voigt perguntou a um membro da missão o que ele achava do movimento. Ele respondeu: "É magnífico. Gostaria que pudéssemos ter algo parecido no Japão, mas não podemos, porque não temos judeus".[3] Talvez seja verdade que a perspicácia e a astúcia dos homens que sabem como acionar um movimento de massa, ou como mantê-lo em andamento, manifestam-se tanto em saber como escolher um inimigo digno quanto em saber qual doutrina e qual programa adotar. Os teóricos do Kremlin mal esperaram que as armas da Segunda Guerra Mundial esfriassem para escolher o Ocidente democrático e, particularmente, os Estados Unidos, como o inimigo. É duvidoso que qualquer gesto de boa vontade ou qualquer concessão de nossa parte reduza o volume e o veneno da difamação contra nós que emana do Kremlin.

Uma das falhas mais graves de Chiang Kai-shek foi não ter encontrado um novo demônio adequado quando o inimigo japonês desapareceu de cena no final da guerra. O general ambicioso, mas simplório, talvez tenha sido presunçoso demais para perceber que não foi ele, mas o demônio japonês, que gerou o entusiasmo, a unidade e a disposição para o autossacrifício das massas chinesas.

66

O ódio comum une os elementos mais heterogêneos. Compartilhar um ódio comum, até mesmo com um inimigo, é infectá-lo com um sentimento de parentesco e, assim, minar seus poderes de resistência. Hitler usou o antissemitismo não apenas para unificar seus alemães, mas também para minar a determinação da Polônia, Romênia, Hungria, que odiavam os judeus, e, por fim, até mesmo da França. Ele fez um uso semelhante do anticomunismo.

67

Parece que, assim como a divindade ideal, o demônio ideal é um só. Hitler – a maior autoridade em demônios – nos diz que a genialidade de um grande líder consiste em concentrar todo o ódio em um único inimigo, fazendo com que "até mesmo adversários distantes uns dos outros pareçam pertencer a uma única categoria".[4] Quando Hitler escolheu o judeu como seu demônio, ele povoou praticamente todo o mundo fora da Alemanha com judeus ou com aqueles que trabalhavam para eles. "Atrás da Inglaterra está Israel, e atrás da França, e atrás dos Estados Unidos."[5] Stalin também adere ao princípio monoteísta ao escolher um demônio. Antes, esse demônio era um fascista; agora, é um plutocrata americano.

Novamente, como uma divindade perfeita, o demônio ideal é onipotente e onipresente. Quando perguntaram a Hitler se ele não estava atribuindo importância demais aos judeus, ele exclamou: "Não, não, não! É impossível exagerar a formidável qualidade do judeu como inimigo".[6] Toda dificuldade e fracasso dentro do movimento é obra do demônio, e todo sucesso é um triunfo sobre suas conspirações malignas.[7]

Por fim, parece que o demônio ideal é um estrangeiro. Para se qualificar como um demônio, um inimigo doméstico deve ter ascendência estrangeira. Hitler achou fácil classificar os judeus alemães como estrangeiros. Os agitadores revolucionários russos enfatizaram a origem estrangeira (varangiana, tártara, ocidental) da aristocracia russa.[8] Na Revolução Francesa, os aristocratas foram vistos como "descendentes de alemães bárbaros, enquanto os plebeus franceses eram descendentes de gauleses e romanos civilizados".[9] Na Revolução Puritana, os monarquistas "foram rotulados de 'normandos', descendentes de um grupo de invasores estrangeiros".[10]

68

Normalmente não procuramos aliados quando amamos. De fato, muitas vezes tratamos aqueles que amam conosco como rivais e invasores. Mas sempre procuramos aliados quando odiamos.

É compreensível que procuremos outras pessoas que estejam ao nosso lado quando temos uma queixa justa e desejamos retaliar aqueles que nos prejudicaram. O intrigante é que, quando nosso ódio não se origina de uma queixa visível e não parece justificado, o desejo por aliados se torna mais urgente. São principalmente os ódios irracionais que nos levam a nos unirmos àqueles que odeiam como nós, e é esse tipo de ódio que serve como um dos agentes de consolidação mais eficazes.

De onde vêm esses ódios irracionais e por que seu efeito unificador? Eles são a expressão de um esforço desesperado para suprimir a consciência de nossa inadequação, inutilidade, culpa e outras deficiências do eu. O desprezo por si mesmo é aqui transmutado em ódio pelos outros – e há um esforço muito determinado e persistente para mascarar essa mudança. Obviamente, a maneira mais eficaz de fazer isso é encontrar outras pessoas, o maior número possível, que odeiem como nós. Aqui, mais do que em qualquer outro lugar, precisamos do consentimento geral, e grande parte de nosso proselitismo consiste talvez em infectar os outros não com nosso tipo de fé, mas com nosso tipo particular de ódio irracional.

Mesmo no caso de uma ofensa justa, nosso ódio vem menos de um erro cometido contra nós do que da consciência de nossa impotência, inadequação e covardia – em outras palavras, do desprezo por nós mesmos. Quando nos sentimos superiores aos nossos algozes, é mais provável que os desprezemos e até tenhamos pena deles, mas não os odiemos.[11] O fato de a relação entre a mágoa e o ódio não ser simples e direta também é observado pela razão de que o ódio liberado nem sempre é dirigido contra aqueles que nos prejudicaram. Muitas vezes, quando somos injustiçados por uma pessoa, voltamos nosso ódio para ela ou para um grupo totalmente diferente. Os russos, intimidados pela polícia secreta de Stalin, foram facilmente inflamados contra os "capitalistas belicistas"; os alemães, prejudicados pelo tratado de Versalhes, vingaram-se exterminando os judeus; os zulus, oprimidos pelos bôeres, massacram os hindus; a escória dos brancos, explorada pelos Dixiecratas, lincharam os negros.

O autodesprezo produz no homem "as paixões mais injustas e criminosas que se possa imaginar, pois ele concebe um ódio mortal contra aquela verdade que o culpa e o convence de suas falhas".[12]

69

A conexão íntima entre o ódio e a consciência pesada mostra que o ódio é mais resultado do desprezo por si mesmo do que de uma queixa legítima.

Talvez não haja uma maneira mais segura de nos contagiarmos com um ódio virulento contra uma pessoa do que cometendo uma grave injustiça contra ela. O fato de os outros terem uma queixa justa contra nós é um motivo mais poderoso para odiá-los do que o fato de termos uma queixa justa contra eles. Não tornamos as pessoas humildes e mansas quando mostramos a elas sua culpa e fazemos com que se envergonhem de si mesmas. É mais provável que incitemos sua arrogância e despertemos nelas uma agressividade imprudente. A autodefesa é um barulho alto que se eleva para abafar a voz da culpa dentro de nós.

Há uma consciência culpada por trás de cada palavra e ato descarado e por trás de cada manifestação de autodefesa.

70

Fazer mal àqueles que odiamos é adicionar combustível ao nosso ódio. Em compensação, tratar um inimigo com magnanimidade é atenuar nosso ódio por ele.

71

A maneira mais eficaz de silenciar nossa consciência culpada é convencer a nós mesmos e aos outros de que aqueles contra os quais pecamos são, de fato, criaturas depravadas, merecedoras de qualquer punição, até mesmo do extermínio. Não podemos ter pena daqueles que prejudicamos, nem podemos ser indiferentes a eles. Devemos odiá-los e persegui-los ou então deixaremos a porta aberta para o desprezo por nós mesmos.

72

Uma religião sublime inevitavelmente gera um forte sentimento de culpa. Há um contraste inevitável entre a nobreza da profissão e a imperfeição da prática. E, como seria de se esperar, o sentimento de culpa promove o ódio e o descaramento. Assim, parece que quanto mais sublime a fé, mais virulento é o ódio que ela gera.

73

É mais fácil odiar um inimigo que tem muito de bom do que um que é totalmente ruim. Não podemos odiar aqueles que desprezamos. Os japoneses tinham uma vantagem sobre os Estados Unidos, pois os admiravam mais do que estes ao Japão. Eles podiam odiar os Estados Unidos com mais fervor do que eles ao Japão. Os americanos são péssimos odiadores em assuntos internacionais por causa de seu sentimento inato de superioridade em relação a todos os estrangeiros. O ódio de um americano por um compatriota (por Hoover ou Roosevelt) é muito mais virulento do que qualquer antipatia que ele possa desenvolver contra os estrangeiros. É interessante o fato de o Sul atrasado demonstrar mais xenofobia do que o resto do país. Se os americanos começarem a odiar os estrangeiros veementemente, isso será um indicador de que eles perderam a confiança em seu próprio modo de vida.

O sentimento velado de admiração no ódio se manifesta na inclinação de imitar aqueles que odiamos. Assim, todo movimento de massa se molda ao seu demônio específico. O cristianismo em seu auge realizou a imagem do anticristo. Os jacobinos praticavam todos os males da tirania contra a qual haviam se levantado. A Rússia Soviética está realizando o exemplo mais puro e colossal do capitalismo monopolista. Hitler tomou os Protocolos dos Sábios de Sião como seu guia e livro-texto; ele os seguiu "até o mais ínfimo detalhe".[13]

É surpreendente ver como os oprimidos quase invariavelmente se moldam à imagem de seus odiados opressores. O fato de os homens malignos viverem depois deles se deve, em parte, à ideia de que aqueles que têm motivos para odiar o mal mais se moldam a ele e, assim, o perpetuam. É óbvio, portanto, que a influência do fanático está fadada a ser desproporcional às suas habilidades. Tanto ao converter quanto ao antagonizar, ele molda o mundo à sua própria imagem. O cristianismo fanático imprime sua marca no mundo antigo tanto por ganhar adeptos quanto por evocar em seus oponentes pagãos um estranho fervor e uma nova crueldade. Hitler impôs-se ao mundo tanto promovendo o nazismo quanto forçando as democracias a se tornarem zelosas, intolerantes e impiedosas. A Rússia comunista molda tanto seus adeptos quanto seus oponentes à sua própria imagem.

Portanto, embora o ódio seja um instrumento conveniente para mobilizar uma comunidade para a defesa, a longo prazo, ele não sai barato. Pagamos por ele perdendo todos ou muitos dos valores que nos propusemos a defender.

Hitler, que percebeu o sentimento velado de admiração no ódio, chegou a uma conclusão notável. É da maior importância, disse ele, que o nacional-socialista busque e mereça o ódio violento de seus inimigos. Esse ódio seria a prova da superioridade da fé nacional-socialista. "O melhor critério para avaliar o valor da atitude [do nacional-socialista], a sinceridade de sua convicção e a força de sua vontade é a hostilidade que ele recebe do (...) inimigo."[14]

74

Parece que, quando somos oprimidos pelo conhecimento de nossa inutilidade, não nos vemos como inferiores a alguns e superiores a outros, mas como inferiores à mais baixa das pessoas. Odiamos, então, o mundo inteiro e queremos derramar nossa ira sobre toda a criação.

Há uma profunda segurança para os frustrados ao testemunharem a queda dos afortunados e a desgraça dos justos. Eles veem em uma queda geral uma aproximação da irmandade de todos. O caos, assim como o túmulo, é um refúgio de igualdade. Sua convicção ardente de que deve haver uma nova vida e uma nova ordem é alimentada pela percepção de que o antigo terá de ser arrasado antes que o novo possa ser construído. Seu clamor por um milênio é permeado por um ódio por tudo o que existe e um desejo pelo fim do mundo.

75

O ódio apaixonado pode dar significado e propósito a uma vida vazia. Assim, as pessoas atormentadas pela falta de propósito de suas vidas tentam encontrar um novo conteúdo não apenas dedicando-se a uma causa sagrada, mas também alimentando uma queixa fanática. Um movimento de massa lhes oferece oportunidades ilimitadas para ambos.

76

Quer seja verdade ou não, como diz Pascal, que "todos os homens se odeiam por natureza" e que o amor e a caridade são apenas "um artifício e uma falsa imagem, pois no fundo não passam de ódio",[15] não se pode deixar de perceber que o ódio é um ingrediente que permeia todos os compostos e combinações de nossa vida interior. Por um lado, todos os nossos entusiasmos, devoções, paixões e esperanças, quando se decompõem, liberam ódio. Por outro lado, é possível sintetizar um entusiasmo, uma devoção e uma esperança ativando o ódio. Martinho Lutero disse: "Quando meu coração está frio e não consigo orar como deveria, eu me flagelo com o pensamento da impiedade e da ingratidão de meus inimigos, do papa e seus cúmplices e vermes, e de Zuínglio, para que meu coração se inflame com justa indignação e ódio, e eu possa dizer com fervor e veemência: 'Santificado seja o Vosso Nome, venha a nós o Vosso Reino, seja feita a Vossa Vontade!'. E quanto mais quente eu fico, mais ardentes se tornam minhas orações".[16]

77

A união e o autossacrifício, por si sós, mesmo quando promovidos pelos meios mais nobres, produzem uma facilidade para odiar. Mesmo quando os homens se unem fortemente para promover a tolerância e a paz na Terra, é provável que sejam violentamente intolerantes com aqueles que não têm a mesma opinião.

O distanciamento do eu, sem o qual não pode haver abnegação nem assimilação total do indivíduo em um todo compacto, produz, como já foi mencionado,[17] uma propensão a atitudes passionais, incluindo o ódio apaixonado. Há também outros fatores que favorecem o crescimento do ódio em uma atmosfera de unidade e abnegação. O ato de abnegação parece nos conferir o direito de sermos duros e impiedosos com os outros. De alguma forma, prevalece a impressão de que o fanático, especialmente o indivíduo religioso, é uma pessoa humilde. A verdade é que a rendição e a humildade do eu geram orgulho e arrogância. O fanático está apto a ver a si mesmo como um dos escolhidos, o sal da terra, a luz do mundo, um príncipe disfarçado em mansidão, que está destinado a herdar esta terra e também o reino dos céus.[18] Aquele que não é de sua fé é mau; aquele que não quer ouvir perecerá.

Há também o seguinte: quando renunciamos ao eu e nos tornamos parte de uma coletividade, não apenas renunciamos às vantagens pessoais, mas também nos livramos da responsabilidade pessoal. Não há como dizer a que extremos de crueldade e impiedade um homem chegará quando estiver livre dos medos, hesitações, dúvidas e dos vagos sentimentos de decência que acompanham o julgamento individual. Quando perdemos nossa independência individual na corporação de um movimento de massa, encontramos uma nova liberdade – liberdade para odiar, intimidar, mentir, torturar, assassinar e trair sem vergonha e remorso. Sem dúvida, é aí que reside parte do apelo de um movimento de massa. Encontramos aí o "direito à desonra", que, segundo Dostoiévski, exerce um fascínio irresistível.[19] Hitler tinha uma opinião desdenhosa sobre a brutalidade do indivíduo autônomo. "Qualquer violência que não brote de uma base firme e espiritual será vacilante e incerta. Falta-lhe a estabilidade que só pode repousar em uma perspectiva fanática."[20]

Assim, o ódio não é apenas um meio de unificação, mas também seu produto. Renan diz que nunca, desde o início do mundo, ouvimos falar de uma nação misericordiosa.[21] Nem, pode-se acrescentar, ouvimos falar de uma igreja misericordiosa ou de um partido revolucionário misericordioso. O ódio e a crueldade que têm sua fonte no egoísmo são coisas ineficazes em comparação com o veneno e a crueldade nascidos do altruísmo.

Quando vemos o derramamento de sangue, o terror e a destruição nascidos de entusiasmos generosos como o amor a Deus, o amor a Cristo, o amor a uma nação, a compaixão pelos oprimidos e assim por diante, geralmente atribuímos essa vergonhosa perversão a uma liderança cínica e sedenta de poder. Na verdade, é a unificação desencadeada por esses entusiasmos, e não as manipulações de uma liderança ardilosa, que transmuta os impulsos nobres em uma realidade de ódio e violência. A desindividualização, que é um pré-requisito para a integração completa e a dedicação altruísta, também é, em uma extensão considerável, um processo de desumanização. A câmara de tortura é uma instituição corporativa.

IMITAÇÃO

78

A imitação é um agente unificador essencial. O desenvolvimento de um grupo unido é inconcebível sem a difusão da uniformidade. A unicidade de pensamento e a *Gleichschaltung*, valorizadas por todo movimento de massa, são alcançadas tanto pela imitação quanto pela obediência. A própria obediência consiste tanto na imitação de um exemplo quanto no cumprimento de um preceito.

Embora a capacidade de imitação esteja presente em todas as pessoas, ela pode ser mais forte em algumas do que em outras. A questão é se os frustrados, que, conforme sugerido na Seção 43, não apenas têm uma propensão para a ação unida, mas também estão equipados com um mecanismo para sua realização, são particularmente imitativos. Existe uma conexão entre a frustração e a prontidão para imitar? A imitação é, de alguma forma, um meio de escapar dos males que afligem os frustrados?

O principal fardo dos frustrados é a consciência de um eu manchado e ineficaz, e seu principal desejo é se livrar desse eu indesejado e começar uma nova vida. Eles tentam realizar esse desejo encontrando uma nova identidade ou obscurecendo e camuflando sua distinção individual; e ambos os objetivos são alcançados por meio da imitação.

Quanto menos satisfação obtemos ao sermos nós mesmos, maior é o nosso desejo de ser como os outros. Portanto, estamos mais dispostos a imitar aqueles que são diferentes de nós e aqueles que admiramos do que aqueles que são quase iguais a nós e aqueles que desprezamos. A imitatividade dos oprimidos (negros e judeus) é notável.

Quanto ao embaçamento e à camuflagem do eu, isso é conseguido somente por meio da imitação – tornando-se o mais parecido possível com os outros. O desejo de pertencer é, em parte, um desejo de perder a si mesmo.

Por fim, a falta de autoconfiança, característica dos frustrados, também estimula sua imitatividade. Quanto mais desconfiarmos de nosso julgamento e sorte, mais estaremos prontos para seguir o exemplo dos outros.

79

A mera rejeição do eu, mesmo quando não acompanhada de uma busca por uma nova identidade, pode levar a uma maior imitação. O eu rejeitado deixa de afirmar sua pretensão de distinção, e não há nada que resista à propensão de copiar. A situação não é diferente daquela observada em crianças e adultos indiferenciados, em que a falta de uma individualidade distinta deixa a mente sem proteção contra a intrusão de influências externas.

80

Um sentimento de superioridade neutraliza a imitação. Se os milhões de imigrantes que vieram para este país fossem pessoas superiores – a nata dos países de onde vieram –, não teria havido um EUA em unidade, mas um mosaico de grupos linguísticos e culturais. Foi devido ao fato de a maioria dos imigrantes ser dos mais humildes e dos mais pobres, dos desprezados e dos rejeitados, que os milhões heterogêneos se misturaram de modo tão rápido e completo. Eles vieram para cá com o desejo ardente de abandonar sua identidade do velho mundo e renascer para uma nova vida; e foram automaticamente equipados com uma capacidade ilimitada de imitar e adotar o novo. A estranheza do novo país os atraiu em vez de repelir. Eles ansiavam por uma nova identidade e uma nova vida – e quanto mais estranho o novo mundo, mais ele se adequava à sua inclinação. Talvez, para os não anglo-saxões, a estranheza do idioma tenha sido um atrativo a mais. O fato de ter que aprender a falar uma nova língua aumentava a ilusão de ter nascido de novo.

81

A imitação geralmente é um atalho para uma solução. Copiamos quando não temos a inclinação, a capacidade ou o tempo para encontrar uma solução independente. As pessoas que estão com pressa imitam mais prontamente do que as pessoas ociosas. Assim, a pressa tende a produzir uniformidade. E na fusão deliberada de indivíduos em um grupo compacto, a ação incessante desempenhará um papel considerável.[22]

82

A unificação de si mesmo, seja ela provocada por persuasão, coerção ou rendição espontânea, tende a intensificar a capacidade de imitação. Um civil convocado para o exército e que se torna membro de uma unidade militar unida torna-se mais imitativo do que era na vida civil. O indivíduo unificado não tem um eu distinto; ele é perenemente incompleto e imaturo e, portanto, não tem resistência contra influências externas. A imitatividade acentuada dos povos primitivos talvez se deva menos à sua primitividade do que ao fato de que eles geralmente são membros de clãs ou tribos compactas.

A pronta imitação de um grupo unificado de seguidores é tanto uma vantagem quanto um perigo para um movimento de massa. Os fiéis são facilmente liderados e moldados, mas também são particularmente suscetíveis a influências estrangeiras. Tem-se a impressão de que um grupo totalmente unificado é facilmente seduzido e corrompido. A pregação de todos os movimentos de massa está repleta de admoestações contra copiar modelos estrangeiros e "todas as suas abominações". A imitação de pessoas de fora é tachada de traição e apostasia. "Quem copiar um estrangeiro é culpado de *lèse-nation* (um insulto à nação), como um espião que admite um inimigo por uma porta secreta."[23] Todos os artifícios são usados para impedir que os fiéis se relacionem com os incrédulos. Alguns movimentos de massa chegam ao extremo de levar seus seguidores para o deserto a fim de permitir que o novo padrão de vida se estabeleça sem perturbações.

O desprezo pelo mundo exterior é, obviamente, a defesa mais eficaz contra a imitação perturbadora. No entanto, um movimento de massa ativo valoriza o ódio acima do desprezo passivo; e o ódio não sufoca a imitação, mas frequentemente a estimula (consulte a Seção 73). Somente no caso de pequenas corporações fechadas em um mar de estrangeirismo e com a intenção exclusiva de preservar sua distinção, o desprezo é empregado como isolante. Ele leva a uma exclusividade inóspita para os convertidos.

A imitatividade de seus membros confere a um grupo totalmente unificado grande flexibilidade e adaptabilidade. Ele pode adotar inovações e mudar sua orientação com uma facilidade surpreendente. A rápida modernização de um Japão unido ou de uma Turquia unida contrasta acentuadamente com a lenta e dolorosa adaptação a novas formas na China, no Irã e em outros países não animados por um espírito de unidade. Uma Rússia soviética completamente unificada tem mais chances de assimilar novos métodos e um novo modo de vida do que a Rússia dos Czares, que era frouxamente unida. Também é óbvio que um povo primitivo com uma estrutura coletiva intacta pode ser mais prontamente modernizado do que um povo com um padrão tribal ou comunitário em ruínas.[24]

PERSUASÃO E COERÇÃO

83

Hoje em dia, tendemos a exagerar a eficácia da persuasão como um meio de inculcar opiniões e moldar comportamentos. Vemos na propaganda um instrumento formidável. Atribuímos a seu uso habilidoso muitos dos sucessos surpreendentes dos movimentos de massa de nossa época e passamos a temer a palavra tanto quanto a espada.

Na verdade, os efeitos fabulosos atribuídos à propaganda não têm mais fundamento na realidade do que a queda das muralhas de Jericó atribuída ao toque das trombetas de Josué. Se a propaganda, por si só, tivesse um décimo do poder que parece ter, os regimes totalitários da Rússia, Alemanha, Itália e Espanha teriam sido casos amenos. Teriam sido flagrantes e descarados, mas sem a brutalidade medonha da polícia secreta, dos campos de concentração e do extermínio em massa.

A verdade parece ser que a propaganda, por si só, não pode forçar a entrada em mentes relutantes; nem pode inculcar algo totalmente novo; nem pode manter as pessoas persuadidas depois que elas deixam de acreditar. Ela penetra apenas em mentes já abertas e, em vez de incutir opiniões, articula e justifica opiniões já presentes na mente de seus destinatários. O propagandista talentoso faz ferver ideias e paixões que já estão em ebulição na mente de seus ouvintes. Ele ecoa seus sentimentos mais íntimos. Quando a opinião não é coagida, as pessoas podem ser levadas a acreditar apenas no que já "sabem".

A propaganda, por si só, tem sucesso principalmente com os frustrados. Seus medos, esperanças e paixões latejantes se aglomeram nos portais de seus sentidos e se interpõem entre eles e o mundo exterior. Eles só conseguem ver o que já imaginaram, e é a música de suas próprias almas que ouvem nas palavras apaixonadas do propagandista. De fato, é mais fácil para os frustrados detectarem suas próprias imaginações e ouvirem o eco de suas próprias reflexões em discursos apaixonados e refrões sonoros do que em palavras precisas unidas por uma lógica impecável.

Por mais hábil que seja, a propaganda, por si só, não pode manter as pessoas persuadidas depois que elas deixam de acreditar. Para se manter, um movimento de massa precisa ordenar as coisas de modo que, quando as pessoas não acreditarem mais, possam ser obrigadas a acreditar à força.[25]

Como veremos mais adiante (Seção 104), as palavras são um instrumento essencial para preparar o terreno para um movimento de massa. Mas quando o movimento é realizado, as palavras, embora ainda úteis, deixam de desempenhar um papel decisivo. Um mestre da propaganda tão reconhecido como o Dr. Goebbels admite em um momento de descontração que "uma espada afiada deve sempre estar por trás da propaganda para que ela seja realmente eficaz".[26] Ele também parece apologético quando afirma que "não se pode negar que é possível fazer mais com uma boa propaganda do que sem propaganda alguma".

84

Ao contrário do que se poderia esperar, a propaganda se torna mais fervorosa e assediosa quando opera em conjunto com a coerção do que quando precisa contar apenas com sua própria eficácia.

Tanto os que se convertem quanto os que são convertidos por coerção precisam da convicção fervorosa de que a fé que eles impõem ou são forçados a adotar é a única verdadeira. Sem essa convicção, o terrorista proselitista, se não for perverso para começo de conversa, provavelmente se sentirá um criminoso, e o convertido coagido se verá como um covarde que prostituiu sua alma para viver.

Assim, a propaganda serve mais para nos justificar do que para convencer os outros; e quanto mais motivos tivermos para nos sentir culpados, mais fervorosa será nossa propaganda.

85

Provavelmente, é tão verdadeiro que a violência gera fanatismo quanto que o fanatismo gera violência. Muitas vezes é impossível dizer qual veio primeiro. Tanto aqueles que empregam a violência quanto aqueles que estão sujeitos a ela provavelmente desenvolverão um estado de espírito fanático. Ferrero diz sobre os terroristas da Revolução Francesa que quanto mais sangue eles "derramavam, mais precisavam acreditar em seus princípios como absolutos. Somente o absoluto ainda poderia absolvê-los aos seus próprios olhos e sustentar sua energia desesperada. [Eles] não derramaram todo aquele sangue porque acreditavam na soberania popular como uma verdade religiosa; eles tentaram acreditar na soberania popular como uma verdade religiosa porque seu medo os fez derramar tanto sangue".[28] A prática do terror serve ao fanático não apenas para intimidar e esmagar seus oponentes, mas também para revigorar e intensificar sua própria fé. Todo linchamento no sul dos Estados Unidos não apenas intimida o negro, mas também revigora a convicção fanática da supremacia branca.

No caso também dos coagidos, a violência pode gerar fanatismo. Há evidências de que o convertido coagido costuma ser tão fanático em sua adesão à nova fé quanto o convertido persuadido, e às vezes até mais. Nem sempre é verdade que "Aquele que obedece contra sua vontade ainda mantém sua própria opinião". O Islã impôs sua fé pela força, mas os muçulmanos coagidos demonstraram uma devoção à nova fé mais ardente do que a dos primeiros árabes envolvidos no movimento. De acordo com Renan, o Islã obteve de seus convertidos coagidos "uma fé que sempre tende a se fortalecer".[29] A ortodoxia fanática é, em todos os movimentos, um desenvolvimento tardio. Ela surge quando o movimento está em plena posse do poder e pode impor sua fé pela força, bem como pela persuasão.

Assim, a coerção, quando implacável e persistente, tem um poder de persuasão inigualável, e isso não apenas com almas simples, mas também com aqueles que se orgulham da força e da integridade de seu intelecto. Quando um decreto arbitrário do Kremlin força cientistas, escritores e artistas a se retratarem de suas convicções e confessarem seus erros, é provável que essas retratações e confissões representem conversões genuínas e que não sejam da boca para fora. É necessária uma fé fanática para racionalizar nossa covardia.

86

Dificilmente há um exemplo de um movimento de massa que tenha alcançado grandes proporções e uma organização duradoura somente por meio da persuasão. O professor K. S. Latourette, um historiador muito cristão, admitiu que "por mais incompatíveis que sejam o espírito de Jesus e a força armada, e por mais desagradável que seja reconhecer o fato, é simples questão histórica que a força armada muitas vezes possibilitou a sobrevivência do espírito de Jesus".[30] Foi a espada do tempo que fez do cristianismo uma religião mundial. A conquista e a conversão andavam de mãos dadas, sendo que a conversão muitas vezes servia como justificativa e ferramenta para a conquista. Onde o cristianismo não conseguiu obter ou manter o apoio do poder estatal, ele não alcançou um domínio amplo nem permanente. "Na Pérsia (...) o cristianismo enfrentou uma religião de estado sustentada pela coroa e nunca se tornou a fé de mais do que de uma minoria."[31] Na expansão fenomenal do Islã, a conquista foi um fator primordial e a conversão, um subproduto. "Os períodos mais prósperos para o maometanismo foram os de sua maior ascendência política; e foi nesses momentos que ele recebeu sua maior adesão de fora."[32] A Reforma só avançou onde obteve o apoio do príncipe regente ou do governo local. Disse Melanchthon, o mais sábio tenente de Lutero: "Sem a intervenção da autoridade civil, o que nossos preceitos se tornariam? Leis platônicas".[33] Onde, assim como na França, o poder do Estado era contra a Reforma, ela foi afogada em sangue e nunca mais se reergueu. No caso da Revolução Francesa, "foram os exércitos da Revolução, e não suas ideias, que penetraram por toda a Europa".[34] Não havia questão de contágio intelectual. Dumouriez protestou que os franceses proclamavam a lei sagrada da liberdade "como o Corão, de espada em punho".[35] A ameaça do comunismo não vem da força de sua pregação, mas do fato de ser apoiado por um dos exércitos mais poderosos do mundo.

Também parece que, quando um movimento de massa pode persuadir ou coagir, ele geralmente escolhe a segunda opção. A persuasão é desajeitada, e seus resultados são incertos. Disse o espanhol São Domingos aos hereges albigenses: "Por muitos anos eu os exortei em vão, com mansidão, pregando, orando e chorando. Mas, de acordo com o provérbio de meu país, 'onde a bênção não pode realizar nada, os golpes podem ser úteis'. Nós despertaremos contra vocês príncipes e prelados, que, infelizmente, armarão nações e reinos contra esta terra. (...) E, assim, os golpes prevalecerão onde as bênçãos e a gentileza tenham sido impotentes."[36]

87

A afirmação de que um movimento de massa não pode ser interrompido pela força não é literalmente verdadeira. A força pode deter e esmagar até mesmo o movimento mais vigoroso. Mas, para isso, a força deve ser implacável e persistente. E é aqui que a fé entra como um fator indispensável. Pois uma perseguição implacável e persistente só pode vir de uma convicção fanática. "Qualquer violência que não brote de uma base firme e espiritual será vacilante e incerta. Falta-lhe a estabilidade que só pode estar em uma perspectiva fanática."[37] O terrorismo que emana da brutalidade individual não vai longe nem dura o suficiente. Ele é espasmódico, sujeito a humores e hesitações. "Mas assim que a força vacilar e alternar com a tolerância, não apenas a doutrina a ser reprimida se recuperará repetidamente, mas também estará em posição de extrair novos benefícios de cada perseguição."[38] O terror sagrado não conhece limites e nunca se apaga.

Assim, parece que precisamos de uma fé ardente não apenas para podermos resistir à coerção,[39] mas também para podermos exercê-la de forma eficaz.

88

De onde vem o impulso de converter?

A intensidade da convicção não é o principal fator que impulsiona um movimento a espalhar sua fé pelos quatro cantos da Terra: "as religiões de grande intensidade muitas vezes se limitam a desprezar, destruir ou, na melhor das hipóteses, ter pena do que for diferente delas".[40] Tampouco o impulso de converter seria a expressão de uma superabundância de poder que, como diz Bacon, "é como uma grande inundação, que certamente transbordará".[41] O zelo missionário parece mais uma expressão de alguma preocupação profunda, algum sentimento premente de insuficiência no cerne. O proselitismo é mais uma busca apaixonada por algo que ainda não foi encontrado do que um desejo de conceder ao mundo algo que já temos. É uma busca por uma demonstração final e irrefutável de que nossa verdade absoluta é de fato a única verdade. O fanático proselitista fortalece sua própria fé ao converter outras pessoas. O credo cuja legitimidade é mais facilmente contestada provavelmente desenvolverá o mais forte impulso proselitista. É duvidoso que um movimento que não professe algum dogma absurdo e patentemente irracional possa estar possuído por esse impulso zeloso que "deve ganhar homens ou destruir o mundo". Também é plausível que os movimentos com a maior contradição interna entre profissão e prática – ou seja, com um forte sentimento de culpa – sejam provavelmente os mais fervorosos na imposição de sua fé aos outros. Quanto mais o comunismo se mostrar inviável na Rússia e quanto mais seus líderes forem obrigados a comprometer e adulterar o credo original, mais descarado e arrogante será seu ataque a um mundo descrente. Os escravocratas do Sul dos EUA se tornaram mais agressivos na disseminação de seu modo de vida à medida que se tornava evidente que sua posição era insustentável em um mundo moderno. Se a livre iniciativa se tornar uma causa sagrada proselitista, será um sinal de que sua viabilidade e vantagens deixaram de ser evidentes.

A paixão pelo proselitismo e a paixão pelo domínio do mundo talvez sejam sintomas de alguma deficiência séria no cerne. Isso é provavelmente tão verdadeiro para um grupo de apóstolos ou conquistadores quanto para um grupo de fugitivos que partem para uma terra distante, que escapam de uma situação insustentável em casa, bem como a frequência com que, de fato, os três se encontram, se misturam e trocam seus papéis.

LIDERANÇA

89

Não importa o quanto consideremos vital o papel da liderança no surgimento de um movimento de massa, não há dúvidas de que o líder não pode criar as condições que tornam possível a eclosão de um movimento. Ele não pode conjurar um movimento a partir do vazio. É necessário que haja um desejo de seguir e obedecer e uma intensa insatisfação com as coisas como elas são, antes que o movimento e o líder possam aparecer. Quando as condições não são propícias, o líder em potencial, por mais talentoso que seja, e sua causa sagrada, por mais potente que seja, permanecem sem seguidores. A Primeira Guerra Mundial e suas consequências prepararam o terreno para o surgimento dos movimentos bolchevique, fascista e nazista. Se a guerra tivesse sido evitada ou adiada por uma ou duas décadas, o destino de Lênin, Mussolini e Hitler não teria sido diferente do dos brilhantes conspiradores e agitadores do século 19, que nunca conseguiram transformar os frequentes distúrbios e crises de sua época em movimentos de massa em grande escala. Algo estava faltando. As massas europeias, até os eventos cataclísmicos da Primeira Guerra Mundial, não haviam se desesperado totalmente com o presente e, portanto, não estavam dispostas a sacrificá-lo por uma nova vida e um novo mundo. Mesmo os líderes nacionalistas, que se saíram melhor do que os revolucionários, não conseguiram fazer do nacionalismo a causa sagrada e popular que se tornou desde então. O nacionalismo militante e o revolucionismo militante parecem ser contemporâneos.

Na Grã-Bretanha, também, o líder teve de esperar o tempo propício para poder desempenhar seu papel. Durante a década de 1930, o líder em potencial, Churchill, era proeminente aos olhos do povo e se fazia ouvir, dia após dia. Mas a vontade de segui-lo não estava lá. Foi somente quando o desastre abalou o país até os alicerces e tornou as vidas individuais autônomas insustentáveis e sem sentido que o líder passou a ter seu papel.

Há um período de espera nos bastidores – geralmente muito longo – para todos os grandes líderes cuja entrada em cena nos parece ser o ponto mais crucial no curso de um movimento de massa. Os acidentes e as atividades de outros homens têm de preparar o palco para eles antes que possam entrar e iniciar sua atuação. "O homem que comanda, em um dia memorável, parece ser apenas o último acidente de uma série."[42]

90

Quando o palco estiver montado, a presença de um líder excepcional é indispensável. Sem ele, não haverá movimento. Nem maturidade dos tempos, nem as eleições, as leis e os órgãos administrativos podem produzir automaticamente um movimento de massa. Foi Lênin quem forçou o fluxo dos acontecimentos para os canais da revolução bolchevique. Se ele tivesse morrido na Suíça ou a caminho da Rússia em 1917, é quase certo que os outros bolcheviques proeminentes teriam se juntado a um governo de coalizão. O resultado poderia ter sido uma república mais ou menos liberal dirigida principalmente pela burguesia. No caso de Mussolini e Hitler, a evidência é ainda mais decisiva: sem eles, não teria havido nem um movimento fascista nem um movimento nazista.

Os acontecimentos na Inglaterra neste momento também demonstram a indispensabilidade de um líder talentoso para a cristalização de um movimento de massa. Um líder genuíno (um socialista Churchill) à frente do governo trabalhista teria iniciado as reformas drásticas da nacionalização na atmosfera fervorosa de um movimento de massa, e não na monotonia pouco dramática da austeridade socialista. Ele teria colocado o trabalhador britânico no papel de um produtor heroico e de um pioneiro do industrialismo verdadeiramente científico. Ele teria feito com que os britânicos sentissem que sua principal tarefa era mostrar ao mundo inteiro, e aos EUA e à Rússia em particular, o que uma nação verdadeiramente civilizada pode fazer com métodos modernos de produção quando livre tanto da confusão, do desperdício e da ganância da administração capitalista quanto do bizantinismo, do barbarismo e da ignorância de uma burocracia bolchevique. Ele teria sabido como infundir no povo britânico o mesmo orgulho e esperança que o sustentaram nas horas mais sombrias da guerra.

É preciso ter a vontade férrea, a ousadia e a visão de um líder excepcional para unir e mobilizar as atitudes e os impulsos existentes no desejo coletivo de um movimento de massa. O líder personifica a certeza do credo, o desafio e a grandeza do poder. Ele articula e justifica o ressentimento represado na alma dos frustrados. Ele acende a visão de um futuro de tirar o fôlego para justificar o sacrifício de um presente transitório. Ele encena o mundo do faz de conta tão indispensável para a realização do autossacrifício e da ação unida. Ele evoca o entusiasmo da comunhão – a sensação de libertação de uma existência individual mesquinha e sem sentido.

Quais são os talentos necessários para esse desempenho?

Inteligência excepcional, caráter nobre e originalidade não parecem ser indispensáveis nem desejáveis. Os principais requisitos parecem ser: audácia e gosto por desafiar; uma vontade férrea; uma convicção fanática de que está de posse da única verdade; fé em seu destino e sorte; capacidade de ódio fervoroso; desprezo pelo presente; uma estimativa astuta da natureza humana; prazer por símbolos (espetáculos e cerimônias); descaramento sem limites que se expressa em um desrespeito à consistência e à justiça; reconhecimento de que o desejo mais profundo de um seguidor é a comunhão e que isso nunca é demais; capacidade de conquistar e manter a máxima lealdade de um grupo de tenentes qualificados. Essa última faculdade é uma das mais essenciais e elusivas. Os poderes extraordinários de um líder se manifestam não tanto no controle que ele exerce sobre as massas, mas em sua capacidade de dominar e quase enfeitiçar um pequeno grupo de homens qualificados. Esses homens devem ser destemidos, orgulhosos, inteligentes e capazes de organizar e administrar empreendimentos de grande escala e, ainda assim, devem se submeter totalmente à vontade do líder, obter dele sua inspiração e força motriz e se orgulhar dessa submissão.

Nem todas as qualidades enumeradas anteriormente são da mesma maneira essenciais. As mais decisivas para a eficácia de um líder de movimento de massa parecem ser a audácia, a fé fanática em uma causa sagrada, a consciência da importância de uma coletividade unida e, acima de tudo, a capacidade de evocar uma devoção fervorosa em um grupo de tenentes qualificados. O fracasso de Trotsky como líder veio de sua negligência, ou mais provavelmente de sua incapacidade de criar uma máquina de tenentes qualificados e leais. Ele não atraía simpatizantes pessoais ou, se os atraía, não conseguia mantê-los.[43] Uma falha adicional era seu respeito inabalável pelo indivíduo, particularmente pelo indivíduo criativo. Ele não estava convencido da pecaminosidade e da ineficácia de uma existência individual autônoma e não compreendia a importância esmagadora da comunhão para um movimento de massa. Sun Yat-sen "atraiu para si (...) um número extraordinário de seguidores capazes e devotados, incendiando a imaginação deles com suas visões da nova China e atraindo lealdade e autossacrifício".[44] Ao contrário dele, Chiang Kai-shek parece não ter todas as qualidades essenciais de um líder de movimento de massa. Por sua vez, De Gaulle é certamente um homem a ser observado. Os líderes dos partidos comunistas fora da Rússia, por sua subserviência a Stalin e ao Politburo, não podem alcançar o status de líderes genuínos. Eles continuam sendo tenentes competentes. Para que o comunismo se torne atualmente um movimento de massa eficaz em qualquer país ocidental, um dos dois opostos precisa acontecer: ou a personalidade de Stalin se torna tão tangível e imediata que pode agir como um catalisador, ou o partido comunista local tem de se libertar da Rússia e, à maneira de Tito, exibir seu desafio contra o capitalismo e o stalinismo. Se Lênin tivesse sido o emissário de um líder e de um Politburo localizado em algum país estrangeiro distante, é duvidoso que ele pudesse ter exercido sua influência fatídica sobre o curso dos acontecimentos na Rússia.

91

As ideias grosseiras apresentadas por muitos dos líderes de movimentos de massa bem-sucedidos de nosso tempo nos levam a supor que uma certa brutalidade e imaturidade da mente é uma vantagem para a liderança. No entanto, não foi a crueza intelectual de Aimee McPherson ou de Hitler que conquistou e manteve seus seguidores, mas a autoconfiança ilimitada que levou esses líderes a dar vazão a suas ideias absurdas. Um líder genuinamente sábio que ousasse seguir o curso de sua sabedoria teria a mesma chance de sucesso. A qualidade das ideias parece desempenhar um papel secundário na liderança de movimentos de massa. O que conta é o gesto arrogante, a total desconsideração da opinião alheia, o desafio individual ao mundo.

O charlatanismo, em algum grau, é indispensável para uma liderança eficaz. Não pode haver movimento de massa sem alguma deturpação deliberada dos fatos. Nenhuma vantagem sólida e tangível pode manter um seguidor e torná-lo zeloso e leal até a morte. O líder tem de ser prático e realista, mas deve falar a língua do visionário e do idealista.

A originalidade não é um pré-requisito para uma grande liderança de movimento de massa. Uma das características mais marcantes do líder bem-sucedido de um movimento de massa é sua disposição para imitar tanto amigos quanto inimigos, modelos passados e contemporâneos. A ousadia, que é essencial para esse tipo de liderança, consiste tanto na audácia de imitar quanto na de desafiar o mundo. Talvez a pista para qualquer carreira heroica seja uma capacidade ilimitada de imitação; uma busca obstinada por um modelo. Essa capacidade excessiva de imitação indica que o herói não tem um eu totalmente desenvolvido e realizado. Há muito nele que é rudimentar e suprimido. Sua força está em seus pontos cegos e em tapar todas as saídas, exceto uma.

92

A rendição total de um eu distinto é um pré-requisito para a obtenção da unidade e do autossacrifício; e provavelmente não há maneira mais direta de realizar essa rendição do que inculcando e exaltando o hábito da obediência cega. Quando Stalin força cientistas, escritores e artistas a se submeterem e negarem sua inteligência individual, senso de beleza e senso moral, ele não está se entregando a um impulso sádico, mas está solenizando, da maneira mais impressionante, a virtude suprema da obediência cega. Todos os movimentos de massa classificam a obediência entre as virtudes mais elevadas e a colocam no mesmo nível da fé: "A união das mentes requer não apenas uma perfeita concordância na única fé, mas a completa submissão e obediência da vontade à Igreja e ao Pontífice Romano como ao próprio Deus".[45] A obediência não é apenas a primeira lei de Deus, mas também o primeiro princípio de um partido revolucionário e de um nacionalismo fervoroso. "Não questionar o porquê" é considerado por todos os movimentos de massa a marca de um espírito forte e generoso.

A desordem, o derramamento de sangue e a destruição que marcam o rastro de um movimento de massa em ascensão nos levam a pensar que os seguidores do movimento são, por natureza, desordeiros e sem lei. Na verdade, a ferocidade das massas nem sempre é a soma da ilegalidade individual. A truculência pessoal milita contra a ação unida. Ela leva o indivíduo a lutar por si mesmo. Ela produz o pioneiro, o aventureiro e o bandido. O fanático, por mais desordeiro e violento que seja em seus atos, é basicamente uma pessoa obediente e submissa. Os cristãos convertidos que organizaram protestos contra a Universidade de Alexandria e lincharam professores suspeitos de não ortodoxia eram membros submissos de uma igreja compacta. O desordeiro comunista é um membro servil de um partido. Tanto os desordeiros japoneses quanto os nazistas eram as pessoas mais disciplinadas que o mundo já viu. Nos Estados Unidos, o empregador geralmente encontra no fanático racial do Sul – tão dado à violência em massa – um trabalhador respeitoso e dócil. O exército também o considera particularmente receptivo à disciplina.

93

As pessoas cuja vida é estéril e insegura parecem demonstrar maior disposição para obedecer do que as pessoas que são autossuficientes e autoconfiantes. Para os frustrados, a liberdade da responsabilidade é mais atraente do que a liberdade da restrição. Eles estão ansiosos para trocar sua independência pelo alívio do fardo de querer, de decidir e de serem responsáveis pelo inevitável fracasso. Eles abdicam de bom grado da direção de suas vidas para aqueles que querem planejar, comandar e assumir toda a responsabilidade. Além disso, a submissão de todos a um líder supremo é uma aproximação ao seu ideal de igualdade.

Em tempos de crise, durante enchentes, terremotos, epidemias, depressões e guerras, o esforço individual isolado é inútil, e as pessoas de todas as condições estão prontas para obedecer e seguir um líder. Obedecer é, então, o único ponto firme em uma existência caótica do dia a dia.

94

Os frustrados provavelmente também serão os seguidores mais firmes. É notável que, em um esforço cooperativo, os menos autoconfiantes sejam os menos propensos a serem desencorajados pela derrota. Pois eles se juntam a outros em um empreendimento comum, não tanto para garantir o sucesso de um projeto desejado, mas para evitar que um indivíduo assuma a culpa em caso de fracasso. Quando o empreendimento comum fracassa, eles ainda são poupados da única coisa que mais temem, ou seja, a revelação de suas deficiências individuais. Sua fé permanece intacta e eles ficam ansiosos para seguir em uma nova tentativa.

Os frustrados seguem um líder menos pela fé de que ele os está conduzindo a uma terra prometida do que pelo sentimento imediato de que ele os está afastando de seu eu indesejado. A rendição a um líder não é um meio para atingir um fim, mas uma realização. Para onde eles são conduzidos é de importância secundária.

95

Provavelmente há uma diferença crucial entre um líder de movimento de massa e um líder em uma sociedade livre. Em uma sociedade mais ou menos livre, o líder pode manter seu controle sobre as pessoas somente se tiver fé cega na sabedoria e na bondade delas. Um líder de segunda categoria que possua essa fé sobreviverá a um líder de primeira categoria sem ela. Isso significa que, em uma sociedade livre, o líder segue as pessoas mesmo quando as lidera. Ele deve, como alguém disse, descobrir para onde as pessoas estão indo para que possa liderá-las.

Quando o líder em uma sociedade livre passa a desprezar as pessoas, mais cedo ou mais tarde ele segue a teoria falsa e fatal de que todos os homens são tolos e, por fim, acaba caindo na derrota. As coisas são diferentes quando o líder pode empregar uma coerção implacável. Onde, como em um movimento de massa ativo, o líder pode exigir obediência cega, ele pode operar com base na sólida teoria de que todos os homens são covardes, tratá-los apropriadamente e obter resultados.

Uma das razões pelas quais os líderes comunistas estão perdendo em nossos sindicatos é que, ao seguir as diretrizes e adotar as táticas do partido, eles estão assumindo a atitude e usando as táticas de um líder de movimento de massa em uma organização formada por homens livres.

AÇÃO

96

A ação é unificadora. Há menos distinção individual no homem de ação genuíno – o construtor, o soldado, o esportista e até mesmo o cientista – do que no pensador ou em alguém cuja criatividade flui da comunhão com o eu. O proativo e o ambicioso têm muito em si que é frustrado e indiferenciado. Uma pessoa nunca está realmente preparada para a ação a menos que esteja despojada de um eu distinto e diferenciado. Assim, um povo ativo tende à uniformidade. É duvidoso que, sem a vasta ação envolvida na conquista de um continente, nossa nação de imigrantes pudesse ter alcançado sua incrível homogeneidade em tão pouco tempo. Aqueles que foram aos Estados Unidos para agir (para ganhar dinheiro) tornaram-se mais rápida e completamente americanizados do que aqueles que desejavam realizar algum ideal elevado.

Os primeiros sentiram uma afinidade imediata com as milhões de pessoas absorvidas na mesma busca. Era como se estivessem se unindo a uma irmandade. Eles reconheceram cedo que, para ter sucesso, precisavam se misturar com seus semelhantes, fazer como os outros, aprender o linguajar e seguir as mesmas regras. Além disso, a pressa louca com que se juntaram a eles impediu o desenvolvimento de seu ser, de modo que, sem uma individualidade distinta, eles não poderiam, mesmo que estivessem inclinados a isso, compor uma resistência eficaz contra a influência de seu novo ambiente.[46] Por sua vez, aqueles que escolheram os Estados Unidos para realizar um ideal (de liberdade, justiça e igualdade) compararam as realidades da nova terra com seu ideal e as consideraram insuficientes. Eles se sentiram superiores e, inevitavelmente, isolaram-se do novo ambiente.

97

Homens reflexivos raramente trabalham bem juntos, ao passo que entre homens de ação geralmente há uma camaradagem fácil. O trabalho em equipe é raro em empreendimentos intelectuais ou artísticos, mas é comum e quase indispensável entre os homens de ação. O clamor "Venham, vamos construir uma cidade e uma torre"[47] é sempre um chamado para a ação unida. Um comissário comunista da indústria provavelmente tem mais em comum com um industrial capitalista do que com um teórico comunista. A verdadeira Internacional é a dos homens de ação.

98

Todos os movimentos de massa se valem da ação como um meio de unificação. Os conflitos que um movimento de massa busca e incita servem não apenas para derrubar seus inimigos, mas também para despojar seus seguidores de sua individualidade distinta e torná-los mais solúveis no meio coletivo. O desmatamento, a construção de cidades, a exploração e os empreendimentos industriais de larga escala têm um objetivo semelhante. Até mesmo a simples marcha pode servir como elemento unificador. Os nazistas fizeram grande uso dessa variante absurda de ação. Hermann Rauschning, que a princípio achava essa marcha eterna uma perda de tempo e de energia sem sentido, reconheceu mais tarde seu efeito sutil. "A marcha desvia os pensamentos dos homens. A marcha mata o pensamento. A marcha acaba com a individualidade."[48]

O apelo à ação de um movimento de massa evoca uma resposta ansiosa nos frustrados. Pois estes veem na ação uma cura para tudo o que os aflige. Isso faz com que se esqueçam de si mesmos e lhes dá um senso de propósito e valor. De fato, parece que a frustração decorre principalmente da incapacidade de agir e que os frustrados mais pungentes são aqueles cujos talentos e temperamento os equipam idealmente para uma vida de ação, mas que são condenados pelas circunstâncias a definhar na ociosidade. De que outra forma explicar o fato surpreendente de que os Lênins, Trotskys, Mussolinis e Hitlers, que passaram a maior parte de suas vidas falando sem parar em cafeterias e reuniões, revelaram-se subitamente os homens de ação mais capazes e incansáveis de seu tempo?

99

A fé organiza e prepara a alma do homem para a ação. Estar de posse da única verdade e nunca duvidar de sua retidão; sentir que é apoiado por um poder misterioso, seja ele Deus, o destino ou a lei da história; estar convencido de que seus oponentes são a encarnação do mal e devem ser esmagados; exultar na abnegação e na devoção ao dever – essas são qualificações admiráveis para uma ação resoluta e implacável em qualquer campo. Soldados que cantam salmos, pioneiros, homens de negócios e até mesmo esportistas provaram ser formidáveis. Os entusiasmos revolucionários e nacionalistas têm um efeito semelhante: eles também podem transformar pessoas sem ânimo e inertes em lutadores e construtores. Eis então outra razão para a aparente indispensabilidade de um movimento de massa na modernização de países atrasados e estagnados.

Entretanto, a aptidão excepcional do fanático para uma vida de ação pode ser tanto um perigo quanto uma ajuda para as perspectivas de um movimento de massa. Ao abrir vastos campos de ação febril, um movimento de massa pode apressar seu fim. A ação bem-sucedida tende a se tornar um fim em si mesma. Ela drena todas as energias e fervores para seus próprios canais. A fé e a causa sagrada, em vez de serem o propósito supremo, tornam-se meros lubrificantes para a máquina da ação. O fanático que tem sucesso em tudo o que faz ganha autoconfiança e se reconcilia consigo mesmo e com o presente. Ele não vê mais como sua única salvação o fato de se perder na unidade de um corpo corporativo e se tornar uma partícula anônima sem vontade, julgamento e responsabilidade próprios. Ele busca e encontra sua salvação na ação, na prova de seu valor e na afirmação de sua superioridade individual. A ação não pode levá-lo à autorrealização, mas ele prontamente encontra nela a autojustificativa. Se ele ainda se apega à sua fé, é apenas para reforçar sua confiança e legitimar seu sucesso. Assim, o gosto da ação contínua e bem-sucedida é fatal para o espírito de coletividade. Um povo mergulhado em ação provavelmente será menos religioso, menos revolucionário e menos chauvinista. A estabilidade social e a tolerância política e religiosa dos povos anglo-saxões se devem, em parte, à relativa abundância entre eles de vontade, habilidade e oportunidades de ação, a qual lhes serviu como um substituto para um movimento de massa.

É claro que existe o perigo constante de que, se as vias de ação forem completamente bloqueadas por uma grave depressão ou derrota na guerra, a frustração resultante provavelmente será tão intensa que quase qualquer movimento de massa proselitista encontrará a situação pronta para sua propagação. A situação explosiva na Alemanha após a Primeira Guerra Mundial deveu-se, em parte, à inatividade imposta a uma população que se sabia admiravelmente equipada para a ação. Hitler deu a eles um movimento de massa. Mas, o que provavelmente foi mais importante, ele abriu diante deles oportunidades ilimitadas para uma ação febril, incessante e espetacular. Não é de se admirar que o tenham aclamado como seu Salvador.

SUSPEITA

100

Vimos que a secreção acre da mente frustrada, embora composta principalmente de medo e má vontade, age ainda como um lodo maravilhoso para unir os amargurados e desafetos em um todo compacto. A suspeita também é um ingrediente desse lodo e pode atuar como um agente unificador.

A consciência de seus defeitos e falhas individuais inclina os frustrados a detectar má vontade e maldade em seus semelhantes. O desprezo por si mesmo, por mais vago que seja, aguça nossos olhos para as imperfeições dos outros. Geralmente nos esforçamos para revelar nos outros as imperfeições que escondemos em nós mesmos. Assim, quando os frustrados se reúnem em um movimento de massa, o ar está carregado de suspeitas. Há bisbilhotagem e espionagem, observação tensa e uma consciência apreensiva de estar sendo observado. O surpreendente é que essa desconfiança patológica dentro dos grupos não leva à dissensão, mas à conformidade estrita. Sabendo-se continuamente vigiados, os fiéis se esforçam para escapar da suspeita aderindo zelosamente ao comportamento e à opinião prescritos. A ortodoxia estrita é tanto o resultado da suspeita mútua quanto da fé ardente.

Os movimentos de massa fazem uso extensivo da suspeita em seu mecanismo de dominação. As bases do partido nazista eram obrigadas a sentir que estavam continuamente sob observação e eram mantidas em um estado permanente de inquietude e medo.[49] O medo dos vizinhos, dos amigos e até mesmo dos parentes parece ser a regra em todos os movimentos de massa. De vez em quando, pessoas inocentes são deliberadamente acusadas e sacrificadas para manter viva a suspeita. Esta ganha contornos mais nítidos quando se associa toda a oposição dentro dos grupos ao inimigo que vem de fora para ameaçar o movimento. Esse inimigo – o demônio indispensável de todo movimento de massa – é onipresente. Ele trama tanto fora quanto dentro dos grupos de fiéis. É sua voz que fala pela boca do dissidente, e os desviantes são seus fantoches. Se algo der errado dentro do movimento, é obra dele. O dever sagrado do fanático é desconfiar. Ele deve estar constantemente à procura de sabotadores, espiões e traidores.

101

A unidade coletiva não é o resultado do amor fraternal dos fiéis uns pelos outros. A lealdade do fanático é para com o todo – a igreja, o partido, a nação – e não para com seu companheiro fanático. A verdadeira lealdade entre os indivíduos só é possível em uma sociedade solta e relativamente livre. Assim como Abraão estava pronto para sacrificar seu único filho para provar sua devoção a Jeová, o nazista fanático ou o comunista deve estar pronto para sacrificar parentes e amigos para demonstrar sua rendição total à causa sagrada. O movimento de massa ativo vê nos laços pessoais de sangue e amizade uma diminuição de sua própria coesão corporativa. Assim, a suspeita mútua dentro dos grupos não é apenas compatível com a força corporativa, mas, quase se pode dizer, é uma pré-condição para ela. "Homens de fortes convicções e fortes paixões, quando unidos, observam uns aos outros com desconfiança e encontram sua força nisso; pois a desconfiança mútua cria temor mútuo, une-os como por uma faixa de ferro, evita a deserção e os protege contra momentos de fraqueza."[50]

Faz parte da formidável natureza de um movimento de massa genuíno que o autossacrifício que ele promove inclua também um sacrifício de parte do senso moral que reprime e restringe nossa natureza. "Nosso zelo faz maravilhas quando ele secundariza nossa propensão ao ódio, à crueldade, à ambição, à avareza, à detração e à rebelião."[51]

OS EFEITOS DA UNIFICAÇÃO

102

A unificação completa, seja ela provocada por rendição espontânea, persuasão, coerção, necessidade ou hábito arraigado, ou uma combinação desses fatores, tende a intensificar as inclinações e atitudes que promovem a unidade. Vimos que a unificação intensifica a propensão ao ódio (Seção 77) e a capacidade de imitação (Seção 82). Também é verdade que o indivíduo unificado é mais crédulo e obediente do que o fanático em potencial que ainda é um indivíduo autônomo. Embora seja verdade que a liderança de um corpo coletivo geralmente mantém o ódio em níveis altos, incentiva a imitação e a credulidade e promove a obediência, o fato é que a unificação por si só, mesmo quando não auxiliada pelas manipulações da liderança, intensifica as reações que funcionam como agentes unificadores.

À primeira vista, esse é um fato surpreendente. Vimos que a maioria dos fatores unificadores se origina na repulsa do indivíduo frustrado por um eu indesejado e uma existência insustentável. Mas o fanático que é totalmente assimilado em um corpo coletivo compacto não está mais frustrado. Ele encontrou uma nova identidade e uma nova vida. Ele é um dos escolhidos, apoiado e protegido por poderes invencíveis e destinado a herdar a Terra. Seu estado mental é exatamente o oposto daquele do indivíduo frustrado; no entanto, ele exibe, com intensidade crescente, todas as reações que são sintomáticas de tensão e insegurança internas.

O que acontece com o indivíduo unificado?

A unificação é mais um processo de diminuição do que de adição. Para ser assimilada em um meio coletivo, uma pessoa precisa ser despojada de sua distinção individual. Ela precisa ser privada da livre escolha e do julgamento independente. Muitas de suas inclinações e impulsos naturais precisam ser suprimidos ou atenuados. Todos esses são atos de diminuição. Os elementos que aparentemente são acrescentados – fé, esperança, orgulho, confiança – são negativos em sua origem. A exaltação do fanático não decorre de reservas de força e sabedoria, mas de um sentimento de libertação: ele foi libertado dos fardos sem sentido de uma existência autônoma. "Nós, alemães, somos tão felizes. Estamos livres da liberdade."[52] Sua felicidade e fortaleza vêm do fato de não ser mais ele mesmo. Os ataques contra o eu não podem tocá-lo. Seus poderes de resistência quando está à mercê de um inimigo implacável ou quando enfrenta circunstâncias insuportáveis são superiores aos de um indivíduo autônomo. Mas essa invencibilidade depende da linha da vida que o conecta com o todo coletivo. Enquanto ele se sentir parte desse todo e nada mais, ele é indestrutível e imortal. Todo o seu fervor e fanatismo estão, portanto, agrupados em torno dessa linha da vida. Sua luta pela unidade máxima é mais intensa do que o vago anseio do frustrado por uma fuga de um eu insustentável. O indivíduo frustrado ainda tem uma escolha: ele pode encontrar uma nova vida não apenas tornando-se parte de um corpo corporativo, mas também mudando seu ambiente ou lançando-se de todo o coração em algum empreendimento envolvente. O indivíduo unificado, a seu turno, não tem escolha. Ele deve se apegar ao corpo coletivo ou, como uma folha caída, murchar e desaparecer. É duvidoso que o padre excomungado, o comunista expulso e o chauvinista renegado possam encontrar paz de espírito como indivíduos autônomos. Eles não podem se manter sozinhos, mas devem abraçar uma nova causa e se unir a um novo grupo.

O fanático é eternamente incompleto, eternamente inseguro.

103

É interessante observar os meios pelos quais um movimento de massa acentua e perpetua a incompletude individual de seus adeptos. Ao elevar o dogma acima da razão, a inteligência do indivíduo é impedida de se tornar autossuficiente. A dependência econômica é mantida pela centralização do poder econômico e por uma escassez deliberadamente criada das necessidades da vida. A autossuficiência social é desestimulada por moradias lotadas ou alojamentos comunitários e pela participação diária forçada em funções públicas. A censura implacável da literatura, arte, música e ciência impede que até mesmo os poucos criativos tenham uma vida autossuficiente. As devoções inculcadas à igreja, ao partido, ao país, ao líder e ao credo também perpetuam um estado de incompletude. Pois toda devoção é um soquete que exige o encaixe de uma parte complementar de fora.

Assim, as pessoas criadas na atmosfera de um movimento de massa são transformadas em seres humanos incompletos e dependentes, mesmo quando têm dentro de si a capacidade de se tornarem entidades autossuficientes. Embora estranhas à frustração e sem queixas, elas ainda exibirão as peculiaridades de pessoas que anseiam por se perder e se livrar de uma existência que está irrevogavelmente deteriorada.

PARTE 4

INÍCIO E FIM

XV. HOMENS ARTICULADOS

104

Os movimentos de massa geralmente não surgem até que a ordem vigente tenha sido desacreditada. O descrédito não é um resultado automático dos erros e abusos dos que estão no poder, mas o trabalho deliberado de oradores articulados com uma queixa. Quando estão ausentes ou não têm nenhuma queixa, a ordem predominante, embora incompetente e corrupta, pode continuar no poder até cair e desmoronar por si mesma. Em contrapartida, uma ordem de mérito e vigor indiscutíveis pode ser varrida se não conseguir conquistar a lealdade da minoria articulada.[1]

Conforme destacado nas Seções 83 e 86, a realização e a perpetuação de um movimento de massa dependem da força. Um movimento de massa completo é uma questão implacável, e sua administração está nas mãos de fanáticos implacáveis que usam palavras apenas para dar uma aparência de espontaneidade a um consentimento obtido por coerção. Mas esses fanáticos só podem entrar em cena e assumir o controle depois que a ordem vigente tiver sido desacreditada e tiver perdido a lealdade das massas. O trabalho preliminar de minar as instituições existentes, de familiarizar as massas com a ideia de mudança e de criar uma receptividade a uma nova fé só pode ser feito por homens que sejam, antes de tudo, oradores ou escritores e que sejam reconhecidos como tal por todos. Enquanto a ordem existente funcionar de forma mais ou menos ordenada, as massas permanecerão basicamente conservadoras. Elas podem pensar em reforma, mas não em inovação total. O extremista fanático, por mais eloquente que seja, parece-lhes perigoso, traidor, impraticável ou até mesmo insano. Elas não lhe darão ouvidos. O próprio Lênin reconheceu que, onde o terreno não está preparado para os comunistas, eles "acham difícil se aproximar das massas (...) e até mesmo fazer com que elas os ouçam".[2] Além disso, as autoridades, mesmo quando fracas ou tolerantes, provavelmente reagirão violentamente contra as táticas ativistas do fanático e podem ganhar de suas atividades, por assim dizer, um novo vigor.

As coisas são diferentes no caso do típico orador articulado. As massas o ouvem porque sabem que suas palavras, por mais urgentes que sejam, não podem ter resultados imediatos. As autoridades o ignoram ou usam métodos brandos para amordaçá-lo. Assim, imperceptivelmente, o orador articulado mina as instituições estabelecidas, desacredita os que estão no poder, enfraquece as crenças e lealdades predominantes e prepara o terreno para o surgimento de um movimento de massa.

A divisão entre homens articulados com as palavras, fanáticos e homens práticos de ação, conforme descrito nas seções a seguir, não tem a intenção de ser categórica. Homens como Gandhi e Trotsky começam como oradores articulados aparentemente ineficazes e depois demonstram talentos excepcionais como administradores ou generais. Um homem como Maomé começa como um orador, desenvolve-se como um fanático implacável e, por fim, revela um excelente senso prático. Um fanático como Lênin é um mestre da oratória e inigualável como homem de ação. O que a classificação tenta sugerir é que a preparação do terreno para um movimento de massa é mais bem feita por homens cuja principal reivindicação de excelência é sua habilidade no uso da palavra falada ou escrita; que a eclosão de um movimento real requer o temperamento e os talentos do fanático; e que a consolidação final do movimento é, em grande parte, o trabalho de homens práticos de ação.

O surgimento de uma minoria articulada onde antes não havia nenhuma é um passo revolucionário em potencial. As potências ocidentais foram fomentadoras indiretas e inconscientes de movimentos de massa na Ásia, não apenas por meio de ressentimento (consulte a Seção 1), mas também pela criação de minorias articuladas por meio de trabalho educacional, em grande parte filantrópico. Muitos dos líderes revolucionários da Índia, China e Indonésia receberam treinamento em instituições ocidentais conservadoras. A faculdade americana em Beirute, que é dirigida e apoiada por americanos conservadores e tementes a Deus, é uma escola para revolucionários no mundo árabe analfabeto. Também não há dúvida de que os professores das escolas missionárias tementes a Deus na China estavam, sem saber, entre aqueles que prepararam o terreno para a revolução chinesa.

105

Existem diversos tipos de homens articulados com as palavras. Eles podem ser sacerdotes, escribas, profetas, escritores, artistas, professores, estudantes e intelectuais em geral. Onde, como na China, ler e escrever é uma arte difícil, a mera alfabetização pode dar a alguém o status de homem instruído. Uma situação semelhante prevaleceu no antigo Egito, onde a arte hieroglífica era monopólio de uma minoria.

Seja qual for o tipo, há um desejo arraigado comum a quase todos os homens articulados que determina sua atitude em relação à ordem vigente. É um desejo de reconhecimento; um desejo de um status claramente marcado acima da humanidade comum. "A vaidade", disse Napoleão, "fez a Revolução; a liberdade foi apenas um pretexto". Aparentemente, há uma insegurança irremediável no âmago de todo intelectual, seja ele criativo ou não. Até mesmo os mais talentosos e prolíficos parecem viver uma vida de eterna autodúvida e precisam provar seu valor a cada dia. O que de Rémusat disse sobre Thiers talvez seja verdade para a maioria dos homens instruídos: "Ele tem muito mais vaidade do que ambição; e prefere consideração à obediência, e a aparência de poder ao próprio poder. Consulte-o constantemente e depois faça o que quiser. Ele prestará mais atenção em sua deferência a ele do que em suas ações".[3]

Há um momento na carreira de quase todo homem articulado meticuloso em que um gesto de deferência ou conciliação por parte dos detentores do poder pode levá-lo para o lado deles. Em um determinado estágio, a maioria dos homens articulados está pronta para se tornar oportunista e bajuladora. O próprio Jesus talvez não tivesse pregado um novo evangelho se os fariseus dominantes o tivessem acolhido no rebanho, o chamado de rabino e o ouvido com deferência. Um bispado conferido a Lutero no momento certo poderia ter arrefecido seu ardor por uma Reforma. O jovem Karl Marx talvez pudesse ter sido seduzido pela Prússia com a concessão de um título e um importante cargo no governo; e Lassalle, com um título e um uniforme da corte. Fato é que, uma vez que o homem articulado formula uma filosofia e um programa, é provável que ele os defenda e seja imune a bajulações e seduções.

Por mais que o homem articulado que protesta se veja como o campeão dos oprimidos e prejudicados, a queixa que o anima é, com pouquíssimas exceções, particular e pessoal. Sua piedade geralmente nasce do ódio que sente pelos poderes constituídos.[4] "São poucos os homens raros e excepcionais que têm aquele tipo de amor pela humanidade em geral que os torna incapazes de suportar pacientemente a massa geral de maldade e sofrimento, independentemente de qualquer relação que isso possa ter com suas próprias vidas."[5] Thoreau afirma o fato com feroz extravagância: "Acredito que o que tanto entristece o reformador não é sua simpatia por seus semelhantes em dificuldades, mas, embora ele seja o mais santo filho de Deus, é seu mal particular. Uma vez isso corrigido (...), ele abandonará seus generosos companheiros sem pedir desculpas".[6] Quando seu status superior é devidamente reconhecido por aqueles que detêm o poder, o homem articulado com as palavras geralmente encontra todos os tipos de razões grandiosas para ficar do lado dos fortes contra os fracos. Um Lutero que, ao desafiar a igreja estabelecida pela primeira vez, falou com sentimento sobre "o povo pobre, simples e comum",[7] proclamou mais tarde, quando se aliou aos príncipes alemães, que "Deus preferiria permitir que o governo existisse, por mais maligno que fosse, a permitir que a ralé se revoltasse, por mais justificada que fosse sua atitude".[8] Um Burke, patrocinado por lordes e nobres, falou sobre a "multidão suja" e recomendou aos pobres "paciência, trabalho, sobriedade, frugalidade e religião".[9] Os homens articulados mimados e lisonjeados da Alemanha nazista e da Rússia bolchevique não sentem nenhum impulso para ficar do lado dos perseguidos e aterrorizados contra os líderes impiedosos e sua polícia secreta.

106

Sempre que encontramos uma ordem que perdura além de seu período de competência, há uma ausência total de uma classe instruída ou uma aliança íntima entre aqueles que detêm o poder e os homens articulados. Quando todos os homens instruídos são clérigos, a igreja é inatacável. Quando todos os homens instruídos são burocratas ou quando a educação dá a um homem um status reconhecidamente superior, é provável que a ordem vigente esteja livre de movimentos de protesto.

A Igreja Católica chegou ao seu nível mais baixo no século 10, na época do Papa João XII. Naquele período, ela era muito mais corrupta e ineficaz do que na ocasião da Reforma. Mas no século 10 todos os homens eruditos eram sacerdotes, enquanto no século 15, como resultado da introdução da impressão e do papel, o aprendizado deixou de ser monopólio da igreja. Foram os humanistas não clericais que formaram a vanguarda da Reforma. Os estudiosos afiliados à igreja ou que, como na Itália, desfrutavam do patrocínio dos papas "demonstravam um espírito tolerante em relação às instituições existentes, incluindo os abusos eclesiásticos, e, em geral, pouco se importavam com o tempo em que o rebanho vulgar era deixado na escuridão supersticiosa que convinha ao seu estado".[10]

A estabilidade da China Imperial, assim como a do antigo Egito, deveu-se a uma aliança íntima entre a burocracia e os literatos. É interessante o fato de que a rebelião de Taiping, o único movimento de massa chinês eficaz enquanto o Império ainda estava em atividade, foi iniciada por um acadêmico que havia sido reprovado repetidas vezes no exame de estado para a mais alta casta de mandarim.[11]

A longa duração do Império Romano se deveu, em certa medida, à parceria sincera entre os governantes romanos e os oradores articulados gregos. Os gregos conquistados sentiram que haviam dado leis e civilização aos conquistadores. É desconcertante ler como o deformado e depravado Nero, que era extravagante em sua admiração pela Hélade, foi recebido histericamente pelos gregos em sua visita em 67 d.C. Eles o acolheram como um colega intelectual e artista. "Para agradá-lo, todos os jogos foram reunidos em um único ano. Todas as cidades lhe enviaram os prêmios de suas competições. Os comitês o aguardavam continuamente, pedindo-lhe que fosse cantar em todos os lugares."[12] E ele, por sua vez, encheu-os de privilégios e proclamou a liberdade da Grécia nos jogos de Istmo.

Em *Um estudo da História*, o professor A. J. Toynbee cita os hexâmetros latinos que Claudiano de Alexandria escreveu em louvor a Roma, quase quinhentos anos depois que César pisou em solo egípcio, e acrescenta com tristeza: "Seria fácil provar que o Raj britânico foi, em muitos aspectos, uma instituição mais benevolente e talvez também mais benéfica do que o Império Romano, mas seria difícil encontrar um Claudiano em qualquer uma das Alexandrias do Hindustão".[13] Agora, não é de todo absurdo supor que, se os britânicos na Índia, em vez de cultivar os nizams, marajás, nawabs, gekawars e assim por diante, tivessem se esforçado para conquistar o intelectual indiano; se o tivessem tratado como igual, incentivado em seu trabalho e permitido que ele participasse dos lucros, talvez pudessem ter mantido seu domínio indefinidamente. Do jeito que foi, os britânicos que governaram a Índia eram de um tipo que não tinha aptidão alguma para se dar bem com intelectuais em qualquer país, muito menos na Índia. Eles eram homens de ação imbuídos de uma fé na superioridade inata dos britânicos. Na maioria das vezes, eles desprezavam o intelectual indiano tanto como homem articulado quanto como indiano. Os britânicos na Índia tentaram preservar o domínio da ação para si mesmos. Eles não incentivaram de fato os indianos a se tornarem engenheiros, agrônomos ou técnicos. As instituições educacionais que estabeleceram produziram homens letrados "inviáveis"; e é uma ironia do destino que esse sistema, em vez de proteger o domínio britânico, tenha acelerado seu fim.

O fracasso da Grã-Bretanha na Palestina também se deveu, em parte, à falta de relacionamento entre o típico funcionário colonial britânico e os homens articulados. A maioria dos judeus palestinos, apesar de ser muito ativa, é, por educação e tradição, formada por homens articulados e sensíveis. Eles se ressentiram com a atitude desdenhosa do funcionário britânico, que via os judeus como um bando de briguentos ingratos e sem humanidade, uma presa fácil para os árabes belicosos assim que a Grã-Bretanha retirasse sua mão protetora. Os judeus palestinos também se ressentiam da tutela de funcionários medíocres, inferiores a eles tanto em experiência quanto em inteligência. Britânicos do calibre de Julian Huxley, Harold Nicolson ou Richard Crossman possivelmente poderiam ter poupado a Palestina para o Império.

Tanto no regime bolchevique quanto no nazista, é evidente uma consciência aguda da relação fatídica entre os homens articulados e o Estado. Na Rússia, homens letrados, artistas e acadêmicos compartilham os privilégios do grupo governante. Todos eles são funcionários públicos superiores. E, embora obrigados a obedecer aos pormenores do partido, eles estão sujeitos à mesma disciplina imposta ao restante da elite. No caso de Hitler, havia um realismo diabólico em seu plano de tornar todo o aprendizado monopólio da elite que governaria o império mundial imaginado por ele e que manteria as massas anônimas minimamente alfabetizadas.

107

Os homens eruditos da França do século 18 são o exemplo mais conhecido de intelectuais pioneiros em um movimento de massa. Um padrão semelhante pode ser detectado nos períodos que precederam o surgimento da maioria dos movimentos. O terreno para a Reforma foi preparado por homens que satirizavam e denunciavam o clero em panfletos populares e por homens letrados como Johann Reuchlin, que combatiam e desacreditavam a cúria romana. A rápida disseminação do cristianismo no mundo romano deveu-se em parte ao fato de que os cultos pagãos que ele buscava suplantar já estavam completamente desacreditados. O descrédito foi feito, antes e depois do nascimento do cristianismo, pelos filósofos gregos que estavam entediados com a puerilidade dos cultos e os denunciavam e ridicularizavam nas escolas e nas ruas da cidade. O cristianismo fez pouco progresso contra o judaísmo porque a religião judaica tinha a ardente lealdade dos homens articulados judeus. Os rabinos e seus discípulos desfrutavam de um status exaltado na vida judaica daquela época, em que a escola e o livro suplantaram o templo e a pátria. Em qualquer ordem social em que o reinado dos homens articulados seja tão supremo, nenhuma oposição pode se desenvolver internamente e nenhum movimento de massa estrangeiro pode se firmar.

Os movimentos de massa dos tempos modernos, sejam eles socialistas ou nacionalistas, foram invariavelmente iniciados por poetas, escritores, historiadores, acadêmicos, filósofos e afins. A conexão entre os teóricos intelectuais e os movimentos revolucionários não precisa ser enfatizada. Mas é igualmente verdade que todos os movimentos nacionalistas – desde o culto à pátria na França revolucionária até o mais recente levante nacionalista na Indonésia – foram concebidos não por homens de ação, mas por intelectuais meticulosos. Os generais, industriais, proprietários de terras e homens de negócios que são considerados pilares do patriotismo são retardatários que se juntaram ao movimento depois que ele se tornou uma preocupação em andamento. O esforço mais árduo da fase inicial de todo movimento nacionalista consiste em convencer e conquistar esses futuros pilares do patriotismo. O historiador tcheco Palacky disse que, se o teto de uma sala em que ele e alguns amigos estavam jantando uma noite tivesse desabado, não teria havido nenhum movimento nacionalista tcheco.[14] Esses punhados de homens articulados pouco práticos estavam no início de todos os movimentos nacionalistas. Os intelectuais alemães foram os criadores do nacionalismo alemão, assim como os intelectuais judeus foram os criadores do sionismo. É o desejo arraigado do homem articulado por um status elevado que o torna excessivamente sensível a qualquer humilhação imposta à classe ou à comunidade (racial, linguística ou religiosa) à qual ele pertence, mesmo que vagamente. Foi a humilhação de Napoleão sobre os alemães, especialmente os prussianos, que levou Fichte e os intelectuais alemães a conclamar as massas alemãs a se unirem em uma nação poderosa que dominaria a Europa. Theodore Herzl e os intelectuais judeus foram levados ao sionismo pelas humilhações infligidas a milhões de judeus na Rússia e pelas calúnias às quais os judeus do resto da Europa continental foram submetidos no final do século 19. Até certo ponto, o movimento nacionalista que forçou os governantes britânicos a saírem da Índia teve seu início na humilhação de um indiano magricela e de óculos na África do Sul.

108

É fácil ver como o homem articulado meticuloso abala, por meio de ridicularização e denúncia persistentes, as crenças e lealdades predominantes, bem como familiariza as massas com a ideia de mudança. O que não é tão óbvio é o processo pelo qual o descrédito das crenças e instituições existentes torna possível o surgimento de uma nova fé fanática. Pois é um fato notável que o homem articulado militante que "faz ressoar a ordem estabelecida até sua origem, em prol de marcar a falta de autoridade e justiça que ela tem",[15] muitas vezes prepara o terreno não para uma sociedade de indivíduos de pensamento livre, mas para uma sociedade corporativa que preza a máxima unidade e a fé cega. Uma ampla difusão da dúvida e da irreverência leva, portanto, a resultados inesperados. A irreverência da Renascença foi um prelúdio para o novo fanatismo da Reforma e da Contrarreforma. Os franceses do Iluminismo, que desmascararam a igreja e a coroa e pregaram a razão e a tolerância, liberaram uma explosão de fanatismo revolucionário e nacionalista que ainda não diminuiu. Marx e seus seguidores desacreditaram a religião, o nacionalismo e a busca apaixonada por negócios, e deram origem ao novo fanatismo do socialismo, do comunismo, do nacionalismo stalinista e da paixão pelo domínio mundial.

Quando desmascaramos uma fé ou um preconceito fanático, não atacamos a raiz do fanatismo. Apenas evitamos que ele vaze em um determinado ponto, com o resultado provável de que vaze em outro ponto. Assim, ao minar as crenças e lealdades predominantes, o homem articulado militante cria involuntariamente nas massas desiludidas uma fome de fé. Pois a maioria das pessoas não consegue suportar a esterilidade e a futilidade da própria vida a menos que tenha alguma dedicação ardente ou alguma busca apaixonada na qual possa se perder. Assim, apesar de si mesmo, o homem articulado desdenhoso se torna o precursor de uma nova fé.

O homem articulado genuíno pode se dar bem independentemente da fé. Ele valoriza a busca pela verdade tanto quanto a própria verdade. Ele se deleita com o choque de pensamentos e com a troca de ideias da controvérsia. Se ele formula uma filosofia e uma doutrina, elas são mais uma exibição de brilhantismo e um exercício de dialética do que um programa de ação e os princípios de uma fé. Fato é que muitas vezes sua vaidade o leva a defender suas especulações com selvageria e até mesmo com veneno; mas seu apelo geralmente é à razão e não à fé. Os fanáticos e as massas ávidas por fé, no entanto, tendem a investir essas especulações com a certeza de uma escritura sagrada e torná-las a fonte de uma nova fé. Jesus não era um cristão, nem Marx era um marxista.

Resumindo, o homem articulado militante prepara o terreno para o surgimento de um movimento de massa ao: 1) desacreditar os credos e as instituições vigentes e separar deles a lealdade do povo; 2) criar indiretamente uma vontade de fé no coração daqueles que não podem viver sem ela, de modo que, quando a nova fé é pregada, ela encontra uma resposta ávida entre as massas desiludidas; 3) fornecer a doutrina e os slogans da nova fé; 4) minar as convicções das "pessoas melhores" – aquelas que conseguem viver sem a fé – para que, quando o novo fanatismo aparecer, elas não tenham a capacidade de resistir a ele. Elas não veem sentido em morrer por convicções e princípios e cedem à nova ordem sem resistir.[16]

Assim, quando o intelectual irreverente tiver feito seu trabalho:

Os melhores não terão qualquer convicção, enquanto os piores
estarão cheios de intensidade apaixonada.
Decerto, alguma revelação estará próxima,
Decerto, a Segunda Vinda estará próxima.[17]

O palco agora está pronto para os fanáticos.

109

As figuras trágicas na história de um movimento de massa geralmente são os precursores intelectuais que viveram o suficiente para ver a queda da velha ordem pela ação das massas.

A impressão de que os movimentos de massa, e as revoluções em particular, nascem da determinação das massas de derrubar uma tirania corrupta e opressiva e conquistar para si a liberdade de ação, de expressão e de consciência tem sua origem no burburinho das palavras soltas pelos criadores intelectuais do movimento em suas disputas com a ordem vigente. O fato de que os movimentos de massa, quando surgem, muitas vezes manifestam menos liberdade individual[18] do que a ordem que eles suplantam é geralmente atribuído às artimanhas de uma camarilha sedenta de poder que sequestra o movimento em um estágio crítico e engana as massas quanto à liberdade que está prestes a surgir. Na verdade, as únicas pessoas enganadas no processo são os precursores intelectuais. Eles se levantam contra a ordem estabelecida, ridicularizam sua irracionalidade e incompetência, denunciam sua ilegitimidade e opressão e clamam pela liberdade de autoexpressão e autorrealização. Eles consideram certo que as massas que respondem ao seu chamado e se colocam atrás deles desejam as mesmas coisas. No entanto, a liberdade que as massas desejam não é a de autoexpressão e autorrealização, mas a liberdade do fardo intolerável de uma existência autônoma. Elas querem liberdade do "temível fardo da livre escolha",[19] liberdade da árdua responsabilidade de perceber seus eus ineficazes e assumir a culpa pelo produto manchado. Elas não querem liberdade de consciência, mas uma fé cega e autoritária. Elas varrem a velha ordem não para criar uma sociedade de homens livres e independentes, mas para estabelecer a uniformidade, o anonimato individual e uma nova estrutura de perfeita unidade. Não é contra a maldade do antigo regime que as massas se levantam, mas contra sua fraqueza; não contra sua opressão, mas contra sua incapacidade de se unir em um todo sólido e poderoso. A capacidade de persuasão do demagogo intelectual consiste não tanto em convencer as pessoas da vileza da ordem estabelecida, mas muito mais em demonstrar sua incompetência impotente. O resultado imediato de um movimento de massa geralmente corresponde ao que as pessoas desejam. Elas não são enganadas no processo.

A razão para o destino trágico que quase sempre atinge os parteiros do saber de um movimento de massa é que, por mais que preguem e glorifiquem o esforço conjunto, eles permanecem essencialmente individualistas. Eles acreditam na possibilidade de felicidade individual e na validade da opinião e da iniciativa individuais. Mas quando um movimento começa a se desenvolver, o poder cai nas mãos daqueles que não têm fé nem respeito pelo indivíduo. E a razão pela qual eles prevalecem não é tanto o fato de sua desconsideração pelo indivíduo lhes dar uma capacidade de crueldade, mas o fato de sua atitude estar totalmente de acordo com a paixão dominante das massas.

XVI. OS FANÁTICOS

110

Quando o momento é oportuno, somente o fanático pode criar um movimento de massa genuíno. Sem ele, o descontentamento gerado por homens articulados militantes permanece sem direção e pode se manifestar apenas em desordens inúteis e facilmente suprimidas. Sem ele, as reformas iniciadas, mesmo quando drásticas, deixam o antigo modo de vida inalterado, e qualquer mudança no governo geralmente não passa de uma transferência de poder de um grupo de homens de ação para outro. Sem ele, talvez não possa haver um novo começo.

Quando a velha ordem começa a desmoronar, muitos dos vociferantes homens articulados, que tanto rezaram por esse dia, ficam deprimidos. O primeiro vislumbre da face da anarquia os assusta. Eles se esquecem de tudo o que disseram sobre o "pobre povo simples" e correm para pedir ajuda a homens fortes de ação – príncipes, generais, administradores, banqueiros, proprietários de terras – que sabem como lidar com a multidão e como conter a onda de caos.

Não é o caso do fanático. O caos é seu elemento. Quando a velha ordem começa a rachar, ele entra em cena com toda a sua força e imprudência para explodir todo o odiado presente até o céu. Ele se apraz com a visão de um mundo que chega a um fim repentino. Para o inferno com as reformas! Tudo o que já existe é lixo, e não há sentido em reformar o lixo. Ele justifica sua vontade de anarquia com a afirmação plausível de que não pode haver um novo começo enquanto o velho estiver desordenando a paisagem. Ele afasta os assustados homens articulados, se é que eles ainda estão por perto, embora continue a exaltar suas doutrinas e a falar seus slogans. Só ele conhece o desejo mais íntimo das massas em ação: o desejo de comunhão, de reunir as tropas, de dissolver a maldita individualidade na majestade e na grandeza de um todo poderoso. A posteridade é rainha; e ai daqueles, dentro e fora do movimento, que se abraçarem e se agarrarem ao presente.

111

De onde vêm os fanáticos? Principalmente dos grupos dos homens articulados não criativos. A divisão mais significativa entre os homens articulados é entre aqueles que conseguem encontrar satisfação no trabalho criativo e aqueles que não conseguem. O homem articulado criativo, por mais que critique e ridicularize a ordem existente, está de fato apegado ao presente. Sua paixão é reformar e não destruir. Quando o movimento de massa permanece totalmente sob sua responsabilidade, ele o transforma em um caso ameno. As reformas que ele inicia são superficiais, e a vida flui sem uma ruptura repentina. Mas esse desenvolvimento só é possível quando a atividade anárquica das massas não entra em ação, seja porque a velha ordem abdica sem lutar, seja porque o homem articulado se alia a homens fortes de ação no momento em que o caos ameaça se soltar. Quando a luta contra a velha ordem é amarga e caótica e a vitória só pode ser conquistada por meio da máxima unidade e do autossacrifício, o homem articulado criativo geralmente é deixado de lado e a administração dos assuntos cai nas mãos dos homens articulados não criativos – os eternos desajustados e os fanáticos seguidores do presente.[1]

O homem que deseja escrever um grande livro, pintar um grande quadro, criar uma obra-prima arquitetônica, tornar-se um grande cientista, embora saiba que nunca, em toda a eternidade, será capaz de realizar esse seu desejo mais íntimo, não encontra paz em uma ordem social estável – antiga ou nova. Ele vê sua vida como irrevogavelmente deteriorada e o mundo perpetuamente fora de ordem. Ele se sente em casa apenas em um estado de caos. Mesmo quando se submete a uma disciplina férrea ou a impõe, ele está apenas moldando o instrumento indispensável ou submetendo-se a ele para atingir um estado de fluxo infindável, de eterno devir. Somente quando está envolvido em mudanças é que ele tem um senso de liberdade e a sensação de que está crescendo e se desenvolvendo. É por nunca poder se reconciliar consigo mesmo que ele teme a finalidade e uma ordem fixa das coisas. Marat, Robespierre, Lênin, Mussolini e Hitler são exemplos notáveis de fanáticos que surgiram dos grupos de homens articulado não criativos. Peter Viereck ressalta que a maioria dos figurões nazistas tinha ambições artísticas e literárias que não foram realizadas. Hitler tentou a pintura e a arquitetura; Goebbels, o drama, o romance e a poesia; Rosenberg, a arquitetura e a filosofia; von Schirach, a poesia; Funk, a música; Streicher, a pintura. "Quase todos foram fracassados, não apenas pelo critério usual e vulgar de sucesso, mas por seus próprios critérios artísticos." Suas ambições artísticas e literárias "eram originalmente muito mais profundas do que as ambições políticas: e eram partes essenciais de suas personalidades".[2]

O homem articulado criativo não se sente à vontade na atmosfera de um movimento ativo. Ele sente que o turbilhão e a paixão do movimento minam suas energias criativas. Enquanto estiver consciente do fluxo criativo dentro de si, ele não encontrará satisfação em liderar milhões e conquistar vitórias. O resultado é que, assim que o movimento começa a se desenvolver, ele se retira voluntariamente ou é deixado de lado. Além disso, como o genuíno homem articulado nunca pode suprimir de todo o coração e por muito tempo sua faculdade crítica, ele é inevitavelmente colocado no papel de herege. Assim, a menos que o homem articulado criativo sufoque o movimento recém-nascido aliando-se a homens práticos de ação, ou a menos que morra no momento certo, é provável que acabe como um recluso, um exilado, ou enfrentando um pelotão de fuzilamento.

112

O perigo do fanático para o progresso de um movimento é que ele não consegue se estabelecer. Depois que a vitória é conquistada e a nova ordem começa a se cristalizar, o fanático se torna um elemento de tensão e perturbação. O gosto por sentimentos fortes o leva a procurar mistérios ainda não revelados e portas secretas ainda não abertas. Ele continua buscando os extremos. Assim, no dia seguinte à vitória, a maioria dos movimentos de massa se vê nas garras da discórdia. O ardor que ontem encontrou uma saída em uma luta de vida ou morte contra inimigos externos agora se manifesta em disputas violentas e confrontos de facções. O ódio se tornou um hábito. Sem mais inimigos externos para destruir, os fanáticos se tornam inimigos uns dos outros. Hitler – ele próprio um fanático – podia diagnosticar com precisão o estado de espírito dos fanáticos que conspiravam contra ele dentro do Partido Nacional Socialista. Em sua ordem para o recém-nomeado chefe da S.A. após o expurgo de

Röhm em 1934, ele fala daqueles que não se acalmam: "(...) sem perceber, [eles] encontraram no niilismo sua derradeira confissão de fé (...). Sua inquietação e desassossego só podem encontrar satisfação em alguma atividade conspiratória da mente, em perpetuamente tramar a desintegração de qualquer que seja a configuração do momento".[3] Como acontecia com frequência com Hitler, suas acusações contra antagonistas (dentro e fora do Reich) eram uma autorrevelação. Ele também, especialmente em seus últimos dias, encontrou no niilismo a sua "filosofia e a sua despedida definitivas".[4]

Se lhes for permitido fazer o que quiserem, os fanáticos podem dividir um movimento em cisma e heresias que ameaçam sua existência. Mesmo quando os fanáticos não geram discórdia, eles ainda podem destruir o movimento, levando-o a tentar o impossível. Somente a entrada de um homem prático de ação pode salvar as conquistas do movimento.

XVII. OS HOMENS PRÁTICOS DE AÇÃO

113

Um movimento é iniciado por homens articulados, materializado por fanáticos e consolidado por homens de ação.

Em geral, é uma vantagem para um movimento, e talvez um pré-requisito para sua resistência, que essas funções sejam desempenhadas por homens diferentes que se sucedem conforme as condições exigirem. Quando a mesma pessoa ou pessoas (ou o mesmo perfil de envolvidos) lidera um movimento desde seu início até a maturidade, ele geralmente termina em desastre. Os movimentos fascista e nazista não tiveram nenhuma mudança sucessiva na liderança e ambos terminaram em desastre. Foi o fanatismo de Hitler, sua incapacidade de se estabelecer e desempenhar o papel de um homem prático de ação, que levou seu movimento à ruína. Se Hitler tivesse morrido em meados da década de 1930, é quase certo que um homem de ação como Goering teria assumido a liderança, e o movimento teria sobrevivido.

É claro que existe a possibilidade de uma mudança de caráter. Um homem articulado pode se transformar em um fanático genuíno ou em um homem prático de ação. No entanto, as evidências indicam que essas metamorfoses são geralmente temporárias e que, mais cedo ou mais tarde, há uma reversão ao tipo original. Trotsky era essencialmente um homem articulado – vaidoso, brilhante e individualista em sua essência. O colapso cataclísmico de um império e a vontade avassaladora de Lênin o levaram ao campo dos fanáticos. Na guerra civil, ele demonstrou talentos inigualáveis como organizador e general. Mas, no momento em que a tensão diminuiu no final da guerra civil, ele voltou a ser um homem articulado, sem crueldade e suspeitas obscuras, confiando mais nas palavras do que na força implacável, e se deixou ser afastado pelo fanático astuto Stalin.

O próprio Stalin era uma combinação de fanático e homem de ação, com predominância do tom fanático. Seus erros desastrosos – a liquidação sem sentido dos culaques e de seus descendentes, o terror dos expurgos, o pacto com Hitler, a intromissão desajeitada no trabalho criativo de escritores, artistas e cientistas – foram os erros de um fanático. Havia poucas chances de os russos experimentarem as alegrias do presente enquanto Stalin, o fanático, estivesse no poder.

Hitler também era, antes de tudo, um fanático, e seu fanatismo prejudicou suas notáveis realizações como homem de ação.

Existem, é claro, líderes raros como Lincoln, Gandhi, até mesmo Roosevelt, Churchill e Nehru. Eles não hesitam em aproveitar os anseios e medos do homem para formar um grupo de seguidores e torná-lo zeloso até a morte a serviço de uma causa sagrada; mas, ao contrário de Hitler, Stalin ou mesmo Lutero e Calvino,[1] eles não se sentem tentados a usar o lodo de almas frustradas como argamassa na construção de um novo mundo. A autoconfiança desses raros líderes é derivada de sua fé na humanidade e está associada a ela, pois eles sabem que ninguém pode ser honrado a menos que honre a humanidade.

114

O homem de ação salva o movimento das dissensões suicidas e da imprudência dos fanáticos. Mas seu aparecimento geralmente marca o fim da fase dinâmica do movimento. A guerra com o presente acabou. O genuíno homem de ação tem a intenção não de renovar o mundo, mas de possuí-lo. Enquanto o sopro de vida da fase dinâmica era o protesto e o desejo de mudanças drásticas, a fase final preocupa-se principalmente em administrar e perpetuar o poder conquistado.

Com o surgimento do homem de ação, o vigor explosivo do movimento é embalsamado e selado em instituições santificadas. Um movimento religioso se cristaliza em uma hierarquia e um ritual; um movimento revolucionário, em órgãos de vigilância e administração; um movimento nacionalista, em instituições governamentais e patrióticas. O estabelecimento de uma igreja marca o fim do espírito revivalista; os órgãos de uma revolução triunfante liquidam a mentalidade e a técnica revolucionárias; as instituições governamentais de uma nação nova ou revivida põem fim à beligerância chauvinista. As instituições congelam um padrão de ação unida. Espera-se que os membros do corpo coletivo institucionalizado ajam como um só homem, mas eles devem representar uma agregação frouxa em vez de uma coalescência espontânea. Eles devem ser unificados somente por meio de sua lealdade inquestionável às instituições. A espontaneidade é suspeita, e o dever é valorizado acima da devoção.

115

A principal preocupação de um homem de ação quando assume o controle de um movimento "já existente" é fixar e perpetuar sua unidade e prontidão para o autossacrifício. Seu ideal é um todo compacto e invencível que funcione automaticamente. Para conseguir isso, ele não pode contar com o entusiasmo, pois este é efêmero. A persuasão também é imprevisível. Por isso, ele se inclina a confiar principalmente na prática e na coerção. Ele acha que a afirmação de que todos os homens são covardes é menos discutível do que a de que todos os homens são tolos e, nas palavras de Sir John Maynard, inclina-se a fundar a nova ordem sobre os pescoços das pessoas, e não seus corações.[2] O verdadeiro homem de ação não é um homem de fé, mas um homem de lei.

Ainda assim, ele não pode deixar de ficar impressionado com as tremendas conquistas de fé e espontaneidade nos primeiros dias do movimento, quando um poderoso instrumento de poder foi conjurado a partir do vazio. A lembrança desse fato ainda é extremamente vívida. Ele toma, portanto, muito cuidado para preservar nas novas instituições uma impressionante fachada de fé e mantém um fluxo incessante de propaganda fervorosa, embora confie principalmente na persuasão da força. Suas ordens são redigidas em vocabulário piedoso, e as velhas fórmulas e slogans estão continuamente em seus lábios. Os símbolos da fé são levados ao alto e reverenciados. Os homens articulados e os fanáticos do período inicial são canonizados. Embora os punhos de aço da coerção se façam sentir em toda parte e seja dada grande ênfase ao treinamento mecânico, as frases piedosas e a propaganda fervorosa dão à coerção uma aparência de persuasão e ao hábito uma aparência de espontaneidade. Nenhum esforço é poupado para apresentar a nova ordem como a gloriosa consumação das esperanças e lutas dos primeiros dias.

O homem de ação é eclético nos métodos que usa para dotar a nova ordem de estabilidade e permanência. Ele pega emprestado de perto e de longe, de amigos e inimigos. Ele até mesmo volta à antiga ordem que precedeu o movimento e se apropria de muitas técnicas de estabilidade, definindo assim, involuntariamente, uma continuidade com o passado. A instituição de um ditador absoluto, que é característica desse estágio, é tanto o emprego deliberado de um dispositivo quanto a manifestação de uma pura sede de poder. É provável que o bizantinismo seja visível tanto no nascimento quanto no declínio de uma organização. Ele é a expressão de um desejo por um padrão estável e pode ser usado para dar forma ao que ainda é amorfo ou para manter unido o que parece estar se desfazendo. A infalibilidade do bispo de Roma foi proposta por Irineu (século 2) nos primeiros dias do papado e por Pio IX em 1870, quando o papado parecia estar à beira da extinção.

Deste modo, a ordem desenvolvida por um homem de ação é uma colcha de retalhos. A Rússia de Stalin era uma colcha de retalhos de bolchevismo, czarismo, nacionalismo, pan-eslavismo, ditadura e empréstimos de Hitler, além de capitalismo monopolista. O Terceiro Reich de Hitler era um conglomerado de nacionalismo, racialismo, prussianismo, ditadura e empréstimos do fascismo, bolchevismo, xintoísmo, catolicismo e dos antigos hebreus. O cristianismo também, quando, após os conflitos e dissensões dos primeiros séculos, se cristalizou em uma igreja autoritária, era uma colcha de retalhos do antigo e do novo e de empréstimos de amigos e inimigos. Ele modelou sua hierarquia de acordo com a burocracia do Império Romano, adotou partes do ritual antigo, desenvolveu a instituição de um líder absoluto e usou todos os meios para absorver os elementos existentes de vida e poder.[3]

116

Nas mãos de um homem de ação, o movimento de massa deixa de ser um refúgio contra as agonias e os fardos de uma existência individual e se torna um meio de autorrealização para os ambiciosos. A atração irresistível que o movimento exerce agora sobre aqueles que estão preocupados com suas carreiras individuais é uma indicação clara da mudança drástica em seu caráter e de sua reconciliação com o presente. Também está claro que o influxo desses homens de carreira acelera a transformação do movimento em uma empresa. Hitler, que tinha uma visão clara de todo o curso de um movimento, mesmo quando estava embalando seu infante nacional-socialismo, advertiu que um movimento mantém seu vigor apenas enquanto não puder oferecer nada no presente – só "honra e fama aos olhos da posteridade" – e que, quando for invadido por aqueles que querem tirar o máximo proveito do presente, "a 'missão' de tal movimento estará acabada".[4]

O movimento, nesse estágio, ainda se preocupa com os frustrados – não para controlar seu descontentamento em uma luta mortal contra o presente, mas para reconciliá-los com ele; para torná-los pacientes e mansos. Para eles, o movimento oferece a esperança distante, o sonho e a visão.[5] Assim, no final de seu vigoroso período, o movimento é um instrumento de poder para os bem-sucedidos e um ópio para os frustrados.

XVIII. MOVIMENTOS DE MASSA BONS E RUINS

A FALTA DE ATRATIVIDADE E A ESTERILIDADE DA FASE ATIVA

117

Este livro se preocupa principalmente com a fase ativa dos movimentos de massa – a fase moldada e dominada pelo fanático. É nessa fase que os movimentos de massa de todos os tipos geralmente manifestam as características comuns que tentamos delinear. Parece ser verdade que, por mais nobre que seja o propósito original de um movimento e por mais benéfico que seja o resultado, sua fase ativa certamente nos parecerá desagradável, senão maléfica. O fanático que personifica essa fase geralmente é um tipo humano pouco atraente. Ele é implacável, hipócrita, crédulo, briguento, mesquinho e rude. Muitas vezes está disposto a sacrificar parentes e amigos por sua causa sagrada. A unidade absoluta e a prontidão para o autossacrifício que dão a um movimento ativo seu impulso irresistível e o capacitam a realizar o impossível geralmente são alcançadas com o sacrifício de muito do que é agradável e precioso no indivíduo autônomo. Nenhum movimento de massa, por mais sublime que seja sua fé e digno que seja seu propósito, pode ser bom se sua fase ativa for muito longa e, principalmente, se for continuada depois que o movimento estiver em posse indiscutível do poder. Os movimentos de massa que consideramos mais ou menos benéficos

– a Reforma, as Revoluções Puritana, Francesa e Americana, e muitos dos movimentos nacionalistas dos últimos cem anos – tiveram fases ativas relativamente curtas, embora, enquanto duraram, tenham carregado, em maior ou menor grau, a marca do fanatismo. O líder do movimento de massa que beneficia seu povo e a humanidade sabe não apenas como iniciar um movimento, mas, como Gandhi, quando encerrar sua fase ativa.

Quando um movimento de massa preserva por gerações o padrão moldado por sua fase ativa (como no caso da igreja militante durante a Idade Média), ou quando, por meio de uma sucessiva adesão de prosélitos fanáticos, sua ortodoxia é continuamente fortalecida (como no caso do Islã[1]), o resultado é uma era de estagnação – uma idade das trevas. Sempre que encontramos um período de criatividade genuína associado a um movimento de massa, ele quase invariavelmente precede ou, de modo frequente, segue a fase ativa. Desde que a fase ativa do movimento não seja muito longa e não envolva derramamento de sangue e destruição excessivos, seu término, especialmente quando é abrupto, geralmente libera uma explosão de criatividade. Isso parece ser verdade quando o movimento termina em triunfo (como no caso da Rebelião Holandesa), mas também quando termina em derrota (como no caso da Revolução Puritana). Não é o idealismo e o fervor do movimento que são a causa de qualquer renascimento cultural que possa se seguir a ele, mas sim o relaxamento abrupto da disciplina coletiva e a liberação do indivíduo da atmosfera sufocante da fé cega e do desprezo por si mesmo e pelo presente. Às vezes, o desejo de preencher o vazio deixado pela causa sagrada perdida ou abandonada torna-se um impulso criativo.[2]

A fase ativa, em si, é estéril. Trotsky sabia que "os períodos de alta tensão nas paixões sociais deixam pouco espaço para a contemplação e a reflexão. Todas as musas – até mesmo a musa plebeia do jornalismo, apesar de seus quadris avantajados – têm dificuldades em tempos de revolução".[3] Já Napoleão[4] e Hitler ficaram mortificados com a qualidade anêmica da literatura e da arte produzidas em sua era heroica e clamaram por obras-primas que fossem dignas dos feitos poderosos da época. Eles não tinham a menor ideia de que a atmosfera de um movimento ativo prejudica ou sufoca o espírito criativo. Milton, que em 1640 era um poeta muito promissor, com um rascunho de *Paraíso Perdido* no bolso, passou vinte anos improdutivos escrevendo panfletos enquanto estava envolvido até o pescoço no "mar de ruídos e disputas roucas"[5] que era a Revolução Puritana. Com a revolução morta e ele próprio em desgraça, produziu *Paraíso Perdido, Paraíso Reconquistado* e *Sansão Agonista*.

118

A interferência de um movimento de massa ativo no processo criativo é profunda e múltipla: 1) O fervor que ele gera drena as energias que teriam fluído para o trabalho criativo. O fervor tem o mesmo efeito sobre a criatividade que a dissipação. 2) Ele subordina o trabalho criativo ao avanço do movimento. A literatura, a arte e a ciência devem ser propagandísticas e devem ser "práticas". O escritor, artista ou cientista que acredita verdadeiramente não cria para se expressar, salvar sua alma ou descobrir o verdadeiro e o belo. Sua tarefa, como ele a vê, é advertir, aconselhar, exortar, glorificar e denunciar. 3) Quando um movimento de massa abre vastos campos de ação (guerra, colonização, industrialização), há uma drenagem adicional de energia criativa. 4) O estado de espírito fanático, por si só, pode sufocar todas as formas de trabalho criativo. O desdém do fanático pelo presente o cega para a complexidade e a singularidade da vida. As coisas que estimulam o trabalhador criativo lhe parecem triviais ou corruptas. "Nossos escritores devem marchar em grupos compactos, e aquele que sai da estrada para colher flores é tido por desertor." Estas palavras de Konstantine Simonov ecoam o pensamento e as próprias palavras dos fanáticos ao longo dos tempos. Disse o rabino Jacob (século 1 d.C.): "Aquele que anda no caminho (...) e interrompe seu estudo [da Torá] dizendo: 'Como é bela esta árvore' [ou] 'Como é belo este campo arado' (...) [tornou-se] culpado contra sua própria alma".[6] São Bernardo de Clerveaux poderia caminhar o dia inteiro pelo lago de Genebra e nunca ver o lago. Em *Of Refinement in the Arts* (Do Refinamento nas Artes), David Hume conta sobre o monge "que, porque as janelas de sua cela se abriam para uma perspectiva nobre, fez um pacto com seus olhos de nunca mais se voltar para lá". A cegueira do fanático é uma fonte de força (ele não vê obstáculos), mas é a causa da improdutividade intelectual e da monotonia emocional.

O fanático também é mentalmente arrogante e, portanto, não tem vontade de começar de novo. Na raiz de sua arrogância está a convicção de que a vida e o universo obedecem a uma fórmula simples – a sua fórmula. Assim, ele não tem os intervalos frutíferos de tatear, quando a mente está como que imersa em uma solução – pronta para todos os tipos de novas reações, novas combinações e novos começos.

119

Quando um movimento de massa ativo exibe originalidade, geralmente é uma originalidade de aplicação e de escala. Os princípios, métodos, técnicas etc. que um movimento de massa aplica e explora geralmente são o produto de uma criatividade que foi ou ainda é ativa fora da esfera do movimento. Todos os movimentos de massa ativos têm aquela imitabilidade descarada que passamos a associar aos japoneses. Mesmo no campo da propaganda, os nazistas e os comunistas imitam mais do que criam. Eles vendem sua marca de causa sagrada da mesma forma que o publicitário capitalista vende sua marca de sabonete ou cigarros.[7] Muito do que nos parece novo nos métodos dos nazistas e dos comunistas decorre do fato de que eles estão administrando (ou tentando administrar) vastos impérios territoriais da mesma forma que um Ford ou um DuPont administra seu império industrial. Talvez seja verdade que o sucesso do experimento comunista sempre dependerá da criatividade irrestrita que ocorre no mundo externo não comunista. Os homens descarados do Kremlin acham que é uma concessão magnânima quando dizem que o comunismo e o capitalismo podem continuar lado a lado por muito tempo. Na verdade, se não houvesse sociedades livres fora da órbita comunista, eles poderiam ter achado necessário estabelecê-las por *ukaz*.

ALGUNS FATORES QUE DETERMINAM A DURAÇÃO DA FASE ATIVA

120

Um movimento de massa com um objetivo concreto e limitado provavelmente terá uma fase ativa mais curta do que um movimento com um objetivo nebuloso e indefinido. O objetivo vago talvez seja indispensável para o desenvolvimento do extremismo crônico. Oliver Cromwell disse: "Um homem nunca vai tão longe quanto quando não sabe para onde está indo".[8]

Quando um movimento de massa é colocado em ação para libertar uma nação da tirania, nacional ou estrangeira, ou para resistir a um agressor, ou para renovar uma sociedade atrasada, há um ponto natural de término quando a luta contra o inimigo termina ou o processo de reorganização está quase concluído. Em contrapartida, quando o objetivo é uma sociedade ideal de perfeita unidade e abnegação – seja a Cidade de Deus, um paraíso comunista na Terra ou o estado guerreiro de Hitler –, a fase ativa não tem um fim automático. Quando a unidade e o autossacrifício são indispensáveis para o funcionamento normal de uma sociedade, é provável que a vida cotidiana seja sacralizada (tarefas comuns sendo transformadas em causas sagradas) ou militarizada. Em ambos os casos, é provável que o padrão desenvolvido pela fase ativa seja fixado e perpetuado. Jacob Burckhardt e Ernest Renan estavam entre os poucos, na esperançosa segunda metade do século 19, que perceberam as implicações sinistras que se escondiam no milênio vindouro. Burckhardt viu a sociedade militarizada: "Tenho uma premonição que soa como uma completa tolice, mas que não me abandona: o estado militar deve se tornar uma grande fábrica (...). O que logicamente deve vir é um período definido e supervisionado de miséria, com promoções e uniformes, que começa e termina diariamente ao som de tambores".[9] A percepção de Renan foi mais profunda. Ele achava que o socialismo era a religião vindoura do Ocidente e que, por ser uma religião secular, levaria a uma sacralização da política e da economia. Ele também temia um renascimento do catolicismo como uma reação contra a nova religião: "Vamos tremer. Neste exato momento, talvez, a religião do futuro esteja sendo criada; e nós não fazemos parte dela! (...) A credulidade tem raízes profundas. O socialismo pode trazer de volta, com a cumplicidade do catolicismo, uma nova Idade Média, com bárbaros, igrejas, eclipses de liberdade e individualidade – em uma palavra, de civilização".[10]

121

Talvez haja alguma esperança no fato de que, na maioria dos casos em que uma tentativa de realizar uma sociedade ideal deu origem à feiura e à violência de um movimento de massa ativo e prolongado, a experiência foi feita em grande escala e com uma população heterogênea. Esse foi o caso do surgimento do cristianismo e do islamismo, e das revoluções francesa, russa e nazista. Os promissores assentamentos comunitários no pequeno estado de Israel e os bem-sucedidos programas de socialização nos pequenos estados escandinavos talvez indiquem que, quando a tentativa de realizar uma sociedade ideal é empreendida por uma pequena nação com uma população mais ou menos homogênea, ela pode prosseguir e ser bem-sucedida em uma atmosfera que não é agitada nem coercitiva. O horror que uma nação pequena tem de desperdiçar seu precioso material humano, sua necessidade urgente de harmonia e coesão internas como salvaguarda contra agressões externas e, finalmente, o sentimento de seu povo de que são todos de uma família tornam possível promover uma disposição para a máxima cooperação sem recorrer à religiosidade ou à militarização. Provavelmente seria uma sorte para o Ocidente se a realização de todos os experimentos sociais extremos fosse deixada inteiramente para pequenos estados com populações homogêneas e civilizadas. O princípio de uma planta piloto, praticado nas grandes indústrias de produção em massa, talvez pudesse ser empregado na realização do progresso social. O fato de as pequenas nações darem ao Ocidente o modelo de um futuro promissor seria, por si só, parte de um padrão estabelecido há muito tempo. Pois os pequenos estados do Oriente Médio, Grécia e Itália nos deram nossa religião e os elementos essenciais de nossa cultura e civilização.

Há uma outra conexão entre a qualidade das massas, a natureza e a duração de um movimento de massa ativo. O fato é que os japoneses, os russos e os alemães, que permitem a continuação interminável de um movimento de massa ativo sem demonstração de oposição, estavam acostumados à submissão ou à disciplina férrea por gerações antes do surgimento de seus respectivos movimentos de massa modernos. Lênin estava ciente da enorme vantagem que a submissão das massas russas lhe proporcionava: "Como você pode comparar [exclamou ele] as massas da Europa Ocidental com nosso povo – tão paciente, tão acostumado à privação?".[11] Quem lê o que Madame de Staël disse sobre os alemães há mais de um século não pode deixar de perceber que eles são o material ideal para um movimento de massa interminável: "Os alemães", disse ela, "são vigorosamente submissos. Eles empregam raciocínios filosóficos para explicar o que é a coisa menos filosófica do mundo, o respeito pela força e o medo que transforma esse respeito em admiração".[12]

Não se pode afirmar com certeza que seria impossível para um Hitler ou um Stalin se erguer em um país com uma tradição estabelecida de liberdade. O que pode ser afirmado com alguma plausibilidade é que, em um país tradicionalmente livre, um Hitler ou um Stalin talvez não encontrasse muita dificuldade para conquistar o poder, mas seria extremamente difícil se manter indefinidamente. Qualquer melhoria significativa nas condições econômicas quase certamente ativaria a tradição de liberdade, que é uma tradição de revolta. Na Rússia, conforme apontado na Seção 45, o indivíduo que se opunha a Stalin não tinha nada com que se identificar, e sua capacidade de resistir à coerção era nula. Mas em um país tradicionalmente livre, o indivíduo que se opõe à coerção não se sente um átomo humano isolado, mas um de uma raça poderosa – seus ancestrais rebeldes.

122

A personalidade do líder é provavelmente um fator crucial para determinar a natureza e a duração de um movimento de massa. Líderes raros como Lincoln e Gandhi não apenas tentam conter o mal inerente a um movimento de massa, mas estão dispostos a pôr fim ao movimento quando seu objetivo é mais ou menos alcançado. Eles fazem parte dos poucos em quem "o poder desenvolveu a grandeza e a generosidade da alma".[13] A mente medieval de Stalin e sua crueldade tribal foram os principais fatores do prolongado dinamismo do movimento comunista. É inútil especular sobre como teria sido a Revolução Russa se Lênin tivesse vivido uma ou duas décadas a mais. Tem-se a impressão de que ele não tinha aquela barbárie da alma tão evidente em Hitler e Stalin, que, como disse Heráclito, faz com que nossos olhos e ouvidos sejam "más testemunhas dos atos dos homens". Stalin moldou seus possíveis sucessores à sua própria imagem, e o povo russo provavelmente pode esperar mais do mesmo nas próximas décadas. A morte de Cromwell trouxe o fim da Revolução Puritana, enquanto a morte de Robespierre marcou o fim da fase ativa da Revolução Francesa. Se Hitler tivesse morrido em meados da década de 1930, o nazismo provavelmente teria mostrado, sob a liderança de um Goering, uma mudança fundamental em seu curso, e a Segunda Guerra Mundial poderia ter sido evitada. No entanto, o sepulcro de Hitler, o fundador de uma religião nazista, talvez tenha sido um mal maior do que todas as atrocidades, o derramamento de sangue e a destruição da guerra de Hitler.

123

A maneira pela qual um movimento de massa começa também pode ter algum efeito sobre a duração e o modo de término da fase ativa do movimento. Quando vemos a Reforma, as revoluções Puritana, Americana e Francesa e muitas das revoltas nacionalistas terminarem, após uma fase ativa relativamente curta, em uma ordem social marcada por uma maior liberdade individual, estamos testemunhando a realização de estados de espírito e exemplos que caracterizaram os primeiros dias desses movimentos. Todos eles começaram desafiando e derrubando uma autoridade há muito estabelecida. Quanto mais claro for esse ato inicial de desafio e quanto mais vívida for sua lembrança na mente das pessoas, mais provável será o surgimento da liberdade individual. Não houve esse ato claro de desafio no surgimento do cristianismo. Ele não começou com a derrubada de um rei, de uma hierarquia, de um estado ou de uma igreja. Houve mártires, mas não indivíduos sacudindo os punhos sob o nariz de uma autoridade orgulhosa e desafiando-a à vista de todo o mundo.[14] Daí, talvez, o fato de a ordem autoritária inaugurada pelo cristianismo ter perdurado quase sem contestação por 1.500 anos. A eventual emancipação da mente cristã na época da Renascença na Itália se inspirou não na história do cristianismo primitivo, mas nos exemplos estimulantes de independência individual e desafio do passado greco-romano. Há uma falta semelhante de um ato dramático de desafio no nascimento do Islã e do corpo coletivo japonês, e em nenhum deles há, mesmo agora, sinais de emancipação individual genuína. O nacionalismo alemão também, diferentemente do nacionalismo da maioria dos países ocidentais, não começou com um ato espetacular de desafio à autoridade estabelecida. Desde o início, ele foi protegido pelo exército prussiano.[15] A semente da liberdade individual na Alemanha está em seu protestantismo e não em seu nacionalismo. A Reforma, as revoluções americana, francesa e russa e a maioria dos movimentos nacionalistas começaram com uma grandiosa abertura de desafio individual, e a memória disso é mantida fresca.

Por meio desse teste, o eventual surgimento da liberdade individual na Rússia talvez não seja totalmente impossível.

MOVIMENTOS DE MASSA ÚTEIS

124

Aos olhos do fanático, as pessoas que não têm uma causa sagrada não têm coragem e caráter – são capachos dos homens de fé. Em compensação, os fanáticos de vários matizes, embora se vejam com ódio mortal e estejam prontos para se atacar mutuamente, reconhecem e respeitam a força uns dos outros. Hitler via os bolcheviques como seus iguais e deu ordens para que os ex-comunistas fossem imediatamente admitidos no partido nazista. Stalin, por sua vez, viu nos nazistas e nos japoneses as únicas nações dignas de respeito. Nem mesmo o fanático religioso e o ateu militante deixam de se respeitar mutuamente. Dostoiévski coloca as seguintes palavras na boca do Bispo Tihon: "O ateísmo absoluto deve ser mais respeitado do que a indiferença mundana. (...) O ateu completo está no penúltimo degrau da fé mais perfeita (...), mas a pessoa indiferente não tem fé alguma, exceto por um medo ruim".[16]

Todos os fanáticos de nossa época – sejam eles comunistas, nazistas, fascistas, japoneses ou católicos – declamaram com veemência (e os comunistas ainda o fazem) a decadência das democracias ocidentais. O ônus de seu discurso é que, nas democracias, as pessoas são muito brandas, muito amantes do prazer e muito egoístas para morrer por uma nação, um Deus ou uma causa sagrada. Essa falta de disposição para morrer, dizem-nos, é indicativa de uma podridão interior – uma decadência moral e biológica. As democracias são velhas, corruptas e decadentes. Elas não são páreo para as congregações viris de fiéis que estão prestes a herdar a Terra.

Há um grão de sentido e mais do que um grão de absurdo nessas declarações. A disposição para a ação unida e o autossacrifício é, conforme indicado na Seção 43, um fenômeno de movimento de massa. Em tempos normais, uma nação democrática é uma associação institucionalizada de indivíduos mais ou menos livres. Quando sua existência é ameaçada e ela precisa unificar seu povo e gerar nele um espírito de autossacrifício máximo, a nação democrática precisa se transformar em algo semelhante a uma igreja militante ou a um partido revolucionário. Esse processo de sacralização, embora muitas vezes difícil e lento, não envolve mudanças profundas. Os próprios fanáticos dão a entender que a "decadência" sobre a qual eles declaram com tanta veemência não é uma decadência orgânica. De acordo com os nazistas, a Alemanha era decadente na década de 1920 e totalmente viril na década de 1930. Certamente, uma década é um período muito curto para promover mudanças biológicas ou mesmo culturais significativas em uma população de milhões de pessoas.

No entanto, é verdade que, em épocas como a década de Hitler, a capacidade de produzir um movimento de massa em curto prazo é de importância vital para uma nação. O domínio da arte da sacralização é um requisito essencial para o líder de uma nação democrática, mesmo que a necessidade de praticá-la não surja. E talvez seja verdade que a extrema meticulosidade intelectual ou a mentalidade prática de um empresário desqualifique um homem para a liderança nacional. Talvez existam também certas qualidades na vida normal de uma nação democrática que podem facilitar o processo de sacralização em tempos de crise e, portanto, são os elementos de uma virilidade nacional em potencial. A medida da virilidade potencial de uma nação é o reservatório de seu desejo. O ditado de Heráclito de que "não seria melhor para a humanidade se seus desejos fossem satisfeitos" é verdadeiro tanto para as nações quanto para os indivíduos. Quando uma nação deixa de desejar coisas com fervor ou direciona seus desejos para um ideal que é concreto e limitado, sua virilidade potencial é prejudicada. Somente uma meta que se presta ao aperfeiçoamento contínuo pode manter uma nação potencialmente viril, mesmo que seus desejos sejam continuamente atendidos. A meta não precisa ser sublime. O ideal bruto de um padrão de vida sempre crescente manteve esta nação razoavelmente viril. O ideal do cavalheiro do campo da Inglaterra e o ideal do rentista aposentado da França são concretos e limitados. Essa definição de seu ideal nacional talvez tenha algo a ver com o menor impulso das duas nações. Nos Estados Unidos, na Rússia e na Alemanha, o ideal é indefinido e ilimitado.

125

Conforme indicado na Seção 1, os movimentos de massa geralmente são um fator de despertar e renovação de sociedades estagnadas. Embora não se possa afirmar que os movimentos de massa sejam o único instrumento eficaz de renascimento, parece ainda ser verdade que em corpos sociais grandes e heterogêneos, como a Rússia, a Índia, a China, o mundo árabe e até mesmo a Espanha, o processo de despertar e de renovação depende da presença de algum entusiasmo fervoroso generalizado que talvez somente um movimento de massa possa gerar e manter. Quando o processo de renovação precisa ser realizado em curto prazo, os movimentos de massa podem ser indispensáveis mesmo em sociedades pequenas e homogêneas. A incapacidade de produzir um movimento de massa completo pode ser, portanto, uma grave desvantagem para um corpo social. Provavelmente, um dos maiores infortúnios da China nos últimos cem anos foi o fato de seus movimentos de massa (a rebelião Taiping e a revolução Sun Yat-sen) terem se deteriorado ou sido sufocados cedo demais. A China não conseguiu produzir um Stalin, um Gandhi ou mesmo um Atatürk, que conseguisse manter um movimento de massa genuíno por tempo suficiente para que reformas drásticas criassem raízes. Ortega y Gasset é da opinião de que a incapacidade de um país de produzir um movimento de massa genuíno indica algum defeito etnológico. Ele diz sobre sua própria Espanha que sua "inteligência etnológica sempre foi uma função atrofiada e nunca teve um desenvolvimento normal".[17]

Provavelmente, é melhor para um país que, quando seu governo começa a mostrar sinais de incompetência crônica, ele seja derrubado por um poderoso levante de massa – mesmo que essa derrubada envolva um considerável desperdício de vidas e riquezas – do que permitir que ele caia e se desfaça por si mesmo. Uma revolta popular genuína costuma ser um processo revigorante, renovador e integrador. Quando se permite que os governos tenham uma morte prolongada, o resultado geralmente é a estagnação e a decadência – talvez uma decadência irremediável. E como os homens articulados geralmente desempenham um papel crucial no surgimento de movimentos de massa,[18] é óbvio que a presença de uma minoria instruída e articulada é provavelmente indispensável para o vigor contínuo de um corpo social. É necessário, é claro, que os homens articulados não estejam em aliança íntima com o governo estabelecido. A longa estagnação social do Oriente tem muitas causas, mas não há dúvida de que uma das mais importantes é o fato de que, durante séculos, os instruídos não eram apenas poucos, mas quase sempre faziam parte do governo – como funcionários ou sacerdotes.

O efeito revolucionário do trabalho educacional realizado pelas potências colonizadoras ocidentais já foi mencionado.[19] É de se perguntar se a capacidade da Índia de produzir um Gandhi e um Nehru se deve menos a elementos raros da cultura indiana do que à longa presença do Raj britânico. A influência estrangeira parece ser um fator predominante no processo de renascimento social. As influências judaicas e cristãs foram ativas no despertar da Arábia na época de Maomé. No despertar da Europa da estagnação da Idade Média, também encontramos influências estrangeiras – greco-romanas e árabes. As influências ocidentais foram ativas no despertar da Rússia, do Japão e de vários países asiáticos. O ponto importante é que a influência estrangeira não age de forma direta. Não é a introdução de modas, maneiras, discursos, formas de pensar e de fazer coisas estrangeiras que tira um corpo social de sua estagnação. A influência estrangeira age principalmente criando uma minoria educada onde não havia nenhuma antes ou alienando uma minoria articulada existente da dispensação predominante; e é essa minoria articulada que realiza o trabalho de renascimento ao iniciar um movimento de massa. Em outras palavras, a influência estrangeira é meramente o primeiro elo de uma cadeia de processos, cujo último elo é geralmente um movimento de massa; e é o movimento de massa que sacode o corpo social de sua estagnação. No caso da Arábia, as influências estrangeiras alienaram o homem articulado, Maomé, da dispensação predominante em Meca. Maomé iniciou um movimento de massa (Islã) que abalou e integrou a Arábia por algum tempo. Na época da Renascença, as influências estrangeiras (greco-romana e árabe) facilitaram o surgimento de homens articulados que não tinham ligação com a igreja e afastaram muitos homens articulados tradicionais da dispensação católica predominante. O movimento resultante da Reforma sacudiu a Europa de seu torpor. Na Rússia, a influência europeia (incluindo o marxismo) afastou a lealdade da *intelligentsia* dos Romanov, e a eventual revolução bolchevique ainda está trabalhando para renovar o vasto Império Moscovita. No Japão, a influência estrangeira reagiu não sobre homens articulados, mas sobre um raro grupo de homens de ação que incluía o Imperador Meiji. Esses homens práticos de ação tiveram a visão que faltou a Pedro, o Grande, também um homem de ação, e tiveram sucesso onde ele falhou. Eles sabiam que a mera introdução de costumes e métodos estrangeiros não daria vida ao Japão, nem poderia levá-lo a corrigir em décadas o atraso de séculos. Eles reconheceram que a arte da sacralização é um fator indispensável em uma tarefa sem precedentes. Eles iniciaram um dos movimentos de massa mais eficazes dos tempos modernos. Os males desse movimento são abundantemente ilustrados ao longo deste livro. No entanto, é duvidoso que qualquer outro agente, de qualquer natureza, pudesse ter provocado o feito fenomenal de renovação que foi realizado no Japão. Na Turquia, também, a influência estrangeira reagiu sobre um homem de ação, Atatürk, e o último elo da corrente foi um movimento de massa.

* * *

J. B. S. Haldane conta o fanatismo entre as quatro únicas invenções realmente importantes feitas entre 3.000 a.C. e 1.400 d.C.[20] Foi uma invenção judaico-cristã. E é estranho pensar que, ao receber essa doença da alma, o mundo também recebeu um instrumento milagroso para ressuscitar sociedades e nações – um instrumento de ressurreição.

NOTAS

Prefácio

1. A palavra "frustrado" não é usada neste livro como um termo clínico. Ela denota pessoas que, por uma razão ou outra, sentem que suas vidas estão deterioradas ou desperdiçadas.

PARTE 1

Capítulo I

1. CARR, E. H. *Nationalism and After*. Nova York: Macmillan Company, 1945. p. 20.
2. Consulte o final da Seção 104.
3. THOREAU, H. D. *Walden*. Nova York: Random House, 1937. p. 69.
4. DE TOCQUEVILLE, A. *On the State of Society in France Before the Revolution of 1789*. Londres: John Murray, 1888. p. 198–199.
5. Gênesis 11:4, 6.
6. Consulte a Seção 58.
7. POLANYI, K. *The Great Transformation*. Nova York: Farrar and Rinehart, Inc., 1944. p. 35.
8. *Idem*. p. 40.

Capítulo II

1. HITLER, A. *Mein Kampf*. Boston: Houghton Mifflin Company, 1943. p. 105.
2. RAUSCHNING, H., *The Conservative Revolution*. Nova York: G. P. Putnam's Sons, 1941. p. 189.
3. GRAY, T. Letters, Vol. I, p. 137. *In*: BRADFORD, G. *Bare Souls*. Nova York: Harper & Brothers, 1924. p. 71.

Capítulo III

1. WEIZMANN, C. *Trial and Error*. Nova York: Harper & Brothers, 1949. p. 13.
2. RAUSCHNING, H. *Hitler Speaks*. Nova York: G. P. Putnam's Sons, 1940. p. 134.
3. HEIDEN, K. *Der Fuehrer*. Boston: Houghton Mifflin Company, 1944. p. 30.
4. VOIGT, F. A. *Unto Caesar*. Nova York: G. P. Putnam's Sons, 1938. p. 283.
5. BECKER, C. L. *The Heavenly City of the Eighteenth-Century Philosophers*. New Haven: Yale University Press, 1932. p. 155.
6. MATHIEZ, A. Les Origins des Cultes Revolutionnaires. p. 31. *In:* HAYES, C. J. H. *Essays on Nationalism*. Nova York: Macmillan Company, 1926. p. 103.
7. FUNCK-BRENTANO, F. *Luther*. Londres: Jonathan Cape, Ltd., 1939. p. 278.
8. WELLS, H. G. *The Outline of History*. Nova York: Macmillan Company, 1922). p. 482–484.

PARTE 2

Capítulo IV

1. Um exemplo moderado da formação conjunta do melhor e do pior pode ser observado no caso do idioma. O respeitável setor intermediário de uma nação se atém ao dicionário. As inovações vêm dos melhores – estadistas, poetas, escritores, cientistas, especialistas – e dos piores – criadores de gírias.

Capítulo V

1. BEARD, C. A. e M. R. *The Rise of American Civilization Vol. I*. Nova York: Macmillan Company, 1939. p. 24.
2. BALABANOFF, A. *My Life as a Rebel*. Nova York: Harper & Brothers, 1938. p. 204.

3. ROSS, E. A. *The Changing Chinese*. Nova York: Century Company, 1911. p. 92.
4. DE TOCQUEVILLE, A. *On the State of Society in France Before the Revolution of 1789*. Londres: John Murray, 1888. p. 149.
5. *Idem*. p. 152.
6. EDWARDS, L. P. *The Natural History of Revolution*. Chicago: University of Chicago Press, 1927. p. 70.
7. Romanos 8:25.
8. Consulte a Seção 116.
9. WYLIE, I. A. R. The Quest of Our Lives, *Reader's Digest,* maio 1948, p. 2.
10. BRINTON, C. *A Decade of Revolution*. Nova York: Harper & Brothers, 1934. p. 161.
11. RENAN, E. *The Hibbert Lectures, 1880*. Londres: Williams and Norgate, 1898. Prefácio.
12. EPICTETO, *Discourses,* Livro I, Cap. 2.
13. HUBBARD, A. J. *The Fate of Empires*. Nova York: Longmans, Green & Company, 1913. p. 170.
14. Mateus 10:35-37.
15. Mateus 12:47-49.
16. Mateus 8:22.
17. Mateus 10:21.
18. LATOURETTE, K. S. *The Chinese, their History and Culture, Vol. I.* Nova York: Macmillan Company, 1946). p. 79.
19. ADAMS, B. *The Law of Civilization and Decay*. Nova York: Alfred A. Knopf, Inc., 1943. p. 142.
20. ZERNOV, N. *Three Russian Prophets*. Toronto: Macmillan Company, 1944. p. 63.
21. DRUCKER, P. F. The Way to Industrial Peace. *Harper's Magazine,* nov. 1946, p. 392.
22. LATOURETTE, K. S. *A History of the Expansion of Christianity, Vol. I.* Nova York: Harper & Brothers, 1937. p. 164.
23. *Idem*. p. 23.
24. *Idem*. p. 163.
25. HAYES, C. J. H. *A Generation of Materialism*. Nova York: Harper & Brothers, 1941. p. 254.

26. WELLS, H. G. *The Outline of History*. Nova York: Macmillan Company, 1922. p. 719.
27. ABEL, T. *Why Hitler Came into Power*. Nova York: Prentice-Hall, 1938. p. 150.
28. DE TOCQUEVILLE, A. *op. cit*. p. 152.
29. Mais sobre veteranos na Seção 38 e sobre a relação entre exércitos e movimentos de massa na Seção 64.

Capítulo VI

1. Consulte a Seção 111.

Capítulo X

1. RAUSCHNING, H. *Hitler Speaks*. Nova York: G. P. Putnam's Sons, 1940. p. 268.
2. *Idem*, p. 258.
3. BEARD, M. *A History of the Businessman*. Nova York: Macmillan Company, 1938. p. 462.

Capítulo XI

1. "(...) Há mais alegria no céu por causa do pecador perdido que se arrepende do que por noventa e nove justos que não precisam se arrepender." Lucas 15:7. Assim também no Talmude (citado por Joseph Klausner em *Jesus of Nazareth*, p. 380): "Onde os arrependidos estão, os totalmente justos não são dignos de estar".
2. Carta na *Life*, 23 dez. 1946, escrita por R. S. Aldrich.
3. Consulte a Seção 45 sobre confissões russas.
4. ADAMS, B. *The Law of Civilization and Decay*. Nova York: Alfred A. Knopf, Inc., 1943. p. 144.

PARTE 3

Capítulo XII

1. Consulte a Seção 64 sobre exércitos.

2. "Dos indígenas norte-americanos, os que tinham o mais intenso sentimento de unidade eram os mais guerreiros." SUMNER, W. G. *War and Other Essays*. New Haven: Yale University Press, 1911. p. 15.

Capítulo XIII

1. Veja mais sobre esse assunto na Seção 90.
2. BURNEY, C. *The Dungeon Democracy*. Nova York: Duell, Sloan & Pearce, 1946. p. 147. Veja também sobre o mesmo assunto: NANSEN, O. *From Day To Day*. Nova York: G. P. Putnam's Sons, 1949. p. 335; também KOESTLER, A. *The Yogi and the Commissar*. Nova York: Macmillan Company, 1945. p. 178.
3. Para outra visão do assunto, consulte a Seção 20.
4. RENAN, E. *History of the People of Israel, Vol. III*. Boston: Little, Brown & Company, 1888-1896. p. 416.
5. BUCHAN, J. *Pilgrim's Way*. Boston: Houghton Mifflin Company, 1940. p. 183.
6. Eclesiastes 1:10.
7. Eclesiastes 1:9.
8. Eclesiastes 9:4, 5, 6.
9. Há um eco dessa verdade desconcertante em uma carta vinda da Noruega e escrita na época da invasão nazista: "O problema conosco é que fomos tão favorecidos em todos os sentidos que muitos de nós perderam o verdadeiro espírito de autossacrifício. A vida tem sido tão agradável para tantas pessoas, que elas não estão dispostas a arriscá-la de fato". Citado por BARRY, J. D. *San Francisco News,* 22 jun. 1940.
10. I Coríntios 1:28.
11. Jó 2:4.
12. LUTERO, Table Talk, n. 1687. *In:* FUNCK-BRENTANO, F. *Luther*. Londres: Jonathan Cape, Ltd., 1939. p. 246.
13. BERGSON, H. L. *The Two Sources of Morality and Religion*. Nova York: Henry Holt & Company, 1935.
14. PASCAL, *Pensées*.
15. KEMPIS, T. *Of The Imitation of Christ*. Nova York: Macmillan Company, 1937. Cap. III.
16. PASCAL, *op. cit.*

17. HEIDEN, K. *Der Fuehrer*. Boston: Houghton Mifflin Company, 1944. p. 758.
18. PASCAL, *op. cit.*
19. HISTORY of the Communist Party. Moscou, 1945. p. 355. *In:* FISCHER, J. *Why They Behave Like Russians*. Nova York: Harper & Brothers, 1947. p. 236.
20. CAILLIET, E. *The Clue to Pascal*. Toronto: Macmillan Company, 1944.
21. DEMIASHKEVICH, M. *The National Mind*. Nova York: American Book Company, 1938. p. 353.
22. Veja exemplos na Seção 14.
23. DOSTOIÉVSKI, F. *The Idiot*. Parte IV. Cap. 7.
24. RENAN, E. *op. cit.* Vol. V. p. 159.
25. ETTLINGER, H. *The Axis on the Air*. Indianápolis: Bobbs-Merrill Company, 1943. p. 39.
26. HOMERO, *Ilíada*.
27. DE TOCQUEVILLE, A. *Recollections*. Nova York: Macmillan Company, 1896. p. 52.

Capítulo XIV

1. HEINE, H. *Religion and Philosophy in Germany*. Londres: Trubner & Company, 1882. p. 89.
2. RAUSCHNING, H. *Hitler Speaks*. Nova York: G. P. Putnam's Sons, 1940. p. 234.
3. VOIGT, F. A. *Unto Caesar*. Nova York: G. P. Putnam's Sons, 1938. p. 301.
4. HITLER, A. *Mein Kampf*. Boston: Houghton Mifflin Company, 1943. p. 118.
5. RAUSCHNING, H. *Hitler Speaks*. Nova York: G. P. Putnam's Sons, 1940. p. 234.
6. *Idem*. p. 235.
7. Consulte a Seção 100.
8. BRINTON, C. *The Anatomy of Revolution*. Nova York: W. W. Norton & Company, Inc., 1938. p. 62.
9. *Ibidem*.
10. *Ibidem*.

11. Quando John Huss viu uma mulher idosa acendendo um cigarro para lançar à pira funerária dele, disse: "*O sancta simplicitas*!". *In:* RENAN, E. *The Apostles*. Boston: Roberts Brothers, 1898. p. 43.
12. PASCAL, *Pensées*.
13. RAUSCHNING, H. *Hitler Speaks*. Nova York: G. P. Putnam's Sons, 1940. p. 235.
14. HITLER, A. *op. cit.* p. 351.
15. PASCAL, *op. cit.*
16. LUTERO, Table Talk, n. 2387 a-b. *In:* FUNCK-BRENTANO, F. *Luther*. Londres: Jonathan Cape, Ltd., 1939. p. 319.
17. Consulte a Seção 60.
18. Mateus 5.
19. DOSTOIÉVSKI, F. *The Possessed.* Parte II. Cap. 6.
20. HITLER, A. *op. cit.* p. 171.
21. RENAN, E. *History of the People of Israel, Vol. I.* Boston: Little, Brown & Company, 1888-1896. p. 130.
22. Consulte as Seções 96 e 98.
23. Ministro da Educação da Itália em 1926. *In:* BENDA, J. *The Treason of the Intellectuals*. Nova York: William Morrow Company, 1928. p. 39.
24. Para outra visão sobre o assunto, consulte a Seção 33.
25. MACHIAVELLI, N. *The Prince,* Cap. VI.
26. *The Goebbels Diaries*. Garden City: Doubleday & Company, Inc., 1948. p. 460.
27. *Idem*. p. 298.
28. FERRERO, G. *Principles of Power*. Nova York: G. P. Putnam's Sons, 1942. p. 100.
29. RENAN, E. *The Poetry of the Celtic Races*. Londres: W. Scott, Ltd., 1896. Ensaio sobre o islamismo. p. 97.
30. LATOURETTE, K. S. *The Unquenchable Light*. Nova York: Harper & Brothers, 1941. p. 33.
31. LATOURETTE, K. S. *A History of the Expansion of Christianity, Vol. I.* Nova York: Harper & Brothers, 1937. p. 164.
32. HAINES, C. R. *Islam as a Missionary Religion*. Londres: Society for Promoting Christian Knowledge, 1889. p. 206.
33. FUNCK-BRENTANO, F. *op. cit.* p. 260.

34. FERRERO, G. *The Gamble*. Toronto: Oxford University Press, 1939. p. 297.
35. BRINTON, C. *A Decade of Revolution*. Nova York: Harper & Brothers, 1934. p. 168.
36. DOMINIC, *Encyclopaedia Britannica*.
37. HITLER, A. *op. cit*. p. 171.
38. *Idem*. p. 171.
39. Consulte a Seção 45.
40. BURCKHARDT, J. *Force and Freedom*. Nova York: Pantheon Books, 1943. p. 129.
41. BACON, F. Of Vicissitude of Things, *Bacon's Essays*, edição da Everyman's Library. Nova York: E. P. Dutton & Company, 1932. p. 171.
42. MORLEY, J. *Notes on Politics and History*. Nova York: Macmillan Company, 1914. p. 69–70.
43. BALABANOFF, A. *My Life as a Rebel*. Nova York: Harper & Brothers, 1938. p. 156.
44. PRICE, F. W. Sun Yat-sen, *Encyclopaedia of the Social Sciences*.
45. Leão XIII, *Sapientiae Christianae*. De acordo com Lutero, "A desobediência é um pecado maior do que o assassinato, a falta de castidade, o roubo e a desonestidade". *In:* FRANK, J. *Fate and Freedom*. Nova York: Simon and Schuster, Inc., 1945. p. 281.
46. Consulte as Seções 78 e 80.
47. Gênesis 11:4.
48. RAUSCHNING, H. *The Revolution of Nihilism*. Chicago: Alliance Book Corporation, 1939. p. 48.
49. *Idem*. p. 40.
50. RENAN, E. *Antichrist*. Boston: Roberts Brothers, 1897. p. 381.
51. MONTAIGNE, M. *Essays,* edição da Modern Library. Nova York: Random House, 1946. p. 374.
52. Um jovem nazista para I. A. R. Wylie pouco antes da Segunda Guerra Mundial. *In:* WYLIE, I. A. R. The Quest of Our Lives, *Reader's Digest,* maio 1948, p. 2.

PARTE 4

Capítulo XV

1. Veja exemplos na Seção 106.
2. CATLIN, G. E. G. *The Story of the Political Philosophers*. Nova York: McGraw-Hill Book Company, 1939. p. 633.
3. DE TOCQUEVILLE, A. *Recollections*. Nova York: Macmillan Company, 1896. p. 331.
4. MULTATULI, *Max Havelaar*. Introdução por D. H. Lawrence. Nova York: Alfred A. Knopf, Inc., 1927.
5. RUSSELL, B. *Proposed Roads to Freedom*. Nova York: Blue Ribbon Books, 1931. Introdução, p. viii.
6. THOREAU, H. *Walden*, edição da Modern Library. Nova York: Random House, 1937. p. 70.
7. Em sua carta ao arcebispo de Mainz que acompanha suas teses. *In:* FUNCK-BRENTANO, F. *Luther*. Londres: Jonathan Cape, Ltd., 1939. p. 65.
8. FRANK, J. *Fate and Freedom*. Nova York: Simon and Schuster, Inc., 1945. p. 281.
9. *Idem*. p. 133.
10. REFORMATION, *Encyclopaedia Britannica*.
11. MILLER, R. F. *Leaders, Dreamers and Rebels*. Nova York: The Viking Press, 1935. p. 85.
12. RENAN, E. *Antichrist*. Boston: Roberts Brothers, 1897. p. 245.
13. TOYNBEE, A. J. *A Study of History*. Resumo por D. C. Somwevell. Toronto: Oxford University Press, 1947), p. 423.
14. HAYES, J. H. C. *The Historical Evolution of Modern Nationalism*. Nova York: R. R. Smith, 1931. p. 294.
15. PASCAL, *Pensées*.
16. Demaree Bess cita um banqueiro holandês em 1941: "Não queremos nos tornar mártires, assim como a maioria das pessoas modernas não quer o martírio". The Bitter Fate of Holland, *Saturday Evening Post*, 1 fev. 1941.
17. YEATS, W. B. The Second Coming. *In:* YEATS, W. B. *Collected Poems*. Nova York: Macmillan Company, 1933.

18. Consulte a Seção 27.
19. DOSTOIÉVSKI, F. *The Brothers Karamazov*, Livro V, Cap. 5.

Capítulo XVI

1. Consulte a Seção 37.
2. VIERECK, P. *Metapolitics*. Nova York: Alfred A. Knopf, 1941. p. 156 e 170.
3. GISEVIUS, H. B. *To the Bitter End*. Boston: Houghton Mifflin Company, 1947. p. 121–122.
4. TREVOR-ROPER, H. R. *The Last Days of Hitler*. Nova York: Macmillan Company, 1947. p. 4.

Capítulo XVII

1. Tanto Lutero quanto Calvino "tinham como objetivo estabelecer uma nova autoridade eclesiástica que fosse mais poderosa, mais ditatorial e exigente, e muito mais diligente na perseguição de hereges do que a Igreja Católica". FRANK, J. *Fate and Freedom*. Nova York: Simon and Schuster, Inc., 1945. p. 283.
2. MAYNARD, J. *Russia in Flux*. Londres: Victor Gollancz, Ltd., 1941. p. 19.
3. SYMONDS, J. A. série *The Fine Arts, Renaissance in Italy*. Londres: Smith, Elder & Company, 1906. p. 19–20.
4. HITLER, A. *Mein Kampf*. Boston: Houghton Mifflin Company, 1943. p. 105.
5. Consulte a Seção 25.

Capítulo XVIII

1. Consulte a Seção 85.
2. Por exemplo, analise as carreiras de Milton e Bunyan, Koestler e Silone.
3. TROTSKY, L. *The History of the Russian Revolution*. Nova York: Simon and Schuster, Inc., 1932. Prefácio.

4. "Foi Napoleão quem escreveu ao seu Comissário de Polícia perguntando-lhe por que não havia literatura florescente no Império e pediu-lhe que providenciasse para que houvesse." BARZUN, J. *Of Human Freedom*. Boston: Little, Brown & Company, 1939. p. 91.
5. John Milton, *Encyclopaedia Britannica*.
6. ABOTH, P. *The Sayings of the Jewish Fathers*. Nova York: E. P. Dutton & Company, Inc., 1929. p. 36.
7. LIPS, E. *Savage Symphony*. Nova York: Random House, 1938. p. 18.
8. CRAMB, J. A. *The Origins and Destiny of Imperial Britain*. Londres: John Murray, 1915. p. 216.
9. Em uma carta a seu amigo Preen. BURCKHARDT, J. C. *Force and Freedom*. Introdução e tradução para o inglês: James Hastings Nichols. Nova York: Pantheon Books, 1943. p. 40.
10. RENAN, E. *History of the People of Israel, Vol. V*. Boston: Little, Brown & Company, 1888–1896. p. 360.
11. BALABANOFF, A. *My Life as a Rebel*. Nova York: Harper & Brothers, 1938. p. 281.
12. INGE, W. R. Patriotism, *Nineteen Modern Essays*, ed., W. A. Archbold. York: Longmans, Green & Company, 1926. p. 213.
13. MAYNARD, J. *Russia in Flux*. Londres: Victor Gollancz, Ltd., 1941. p. 29.
14. "A resistência cristã à autoridade foi de fato mais do que heroica, mas não foi heroica." SEELEY, Sir J. R. *Lectures and Essays*. Londres: Macmillan, 1895. p. 81.
15. Hardenberg disse ao rei da Prússia após a derrota em Jena: "Sua Majestade, devemos fazer de cima para baixo o que os franceses fizeram de baixo para cima".
16. DOSTOIÉVSKI, F. *The Possessed,* edição da Modern Library. Nova York: Random House, 1936. p. 698.
17. ORTEGA Y GASSET, J. *The Modern Theme*. Nova York: W. W. Norton & Company, 1931. p. 128.
18. Consulte a Seção 104 e seguintes.
19. Consulte a Seção 104.
20. HALDANE, J. B. S. *The Inequality of Man*. Nova York: Famous Books, Inc., 1938. p. 49.